colección
grandes
biografías

AMÉRICO VESPUCIO

STEFAN ZWEIG

AMÉRICO VESPUCIO

EDITORIAL JUVENTUD, S. A.
PROVENÇA, 101 - BARCELONA

Título original: AMERICO VESPUCCIO
Traducción de Alfredo Cahn
© 1963 Eva Alberman
© de la traducción española:
 Editorial Juventud, Barcelona (España), 1983
Primera edición, 1983
Depósito Legal: B. 11.195 - 1983
ISBN: 84-261-1970-0
Núm. de edición de E. J.: 6.989
Impreso en España. Printed in Spain
Gráficas Bisani; Mora la Nueva, 11; Barcelona-23

PRÓLOGO

He aquí un libro sobre un tema concreto donde se entrecruzan e implican varios libros sobre otros tantos asuntos distintos e importantes. Cierto es, tenemos en las manos una biografía de Américo Vespucio por Stefan Zweig, como cosa primera y principal. Sin embargo, se entretejen con la hebra de esta vida otros hilos diferentes que conducen a asuntos lejanos y oscuros. Tan vigorosa es la tentación a desviarse hacia éstos, que Zweig, en cierto momento, ha de forzar a su prosa y al lector a retornar al motivo originario de su cita: hablar de Vespucio.

Y es que uno de estos problemas graves que Zweig ha insertado en su biografía es el análisis glacial e impávido de cómo se creó y expandió la fama de Vespucio, y, al proceder a él, trata del triste caso de esos renombres que nacen por comparación y adversación, como si las gentes no se dieran por satisfechas con la noticia de que Fulano es el mejor astrónomo, y Zutano, el mejor acuarelista, y apeteciesen enfrentarle con otro colega, y nivelarle con él, a guisa de reparo y regateo. Arriban así a la fama por vía injusta y morbosa personas que podían haberla ganado a solas, por sí, sin necesidad de convertirse en «el duplicado», el «bis» de otro. Vespucio no tenía necesidad alguna de entrar en comparación —siempre son odiosas— con Colón, para que su nombre se perpetuase en la Historia de la Navegación. Zweig nos explicará en seguida cómo se planteó esa malhadada colisión entre las famas de unos personajes que, por lo demás, fueron amigos en vida y harto ajenos al estropicio engendrado años más tarde.

Si trágico es el destino de Vespucio en cuanto a ganador de su renombre por derivación, también lo es el propio destino de América, sometida hasta hoy mismo a la comparación con el Viejo Mundo, de todos sus pormenores físicos y morales, como si fuese imposible entenderlos en sus propios términos, tan heterogéneos con los nuestros a menudo. Llega Colón y persevera en creer que ha desembarcado en otra parte, como Don Quijote en llamar Dulcinea a Aldonza Lorenzo. Sus contemporáneos y seguidores no le quedan muy atrás en desvarío, por su empeño en buscar lo que no hay y apenas vislumbrar lo que sí existe. Esta desdicha, típicamente americana (que no se repitió en los descubrimientos europeos de áreas africanas y oceánicas), es evitada y remediada por Vespucio solamente; el primero que comprende y escribe que aquella tierra es un «Novus Mundus». Como dice Zweig muy bien, al hacerlo «declara por vez primera la independencia de América», porque, sin duda, la primordial autonomía consiste en saber quién soy y cómo me llamo, y las demás libertades vienen por añadidura. La posteridad premió generosamente este enorme acierto de Vespucio, abultando incluso la gloria que le debía, pero el galardón fue equivocado y traspuesto; algo así como si a quien merece y recibe el Premio Nobel de Literatura se le entregase el de Química, y luego se arguyese que el dislate empeora si se intenta enmendarlo.

Otro grave problema implícito en esta biografía de Zweig y que él denuncia sin encarnizarse, es el de los *desatinos a que puede conducir una sucesión de documentos y de impresos con medias verdades, insinuaciones y alguna que otra errata, proceso del que es ejemplo máximo la gestación del nombre de América en honor a Vespucio. Observemos además que Zweig dedica con su silencio justo desdén a las diversas teorías que pretenden que «América» sea palabra autóctona, emparentada con la de «amerriscas» (cordillera e indios de Nicaragua, según Marcou); «el imperio de Amaraca», de Lambert de Saint-Bris; la ciudad de Ameracapana, según Pinart, y otros autores.*

El caso vale, pues, como lección culminante de los descaminos a que puede conducir la idolatría del dato y del documento; cuanto más abundantes sean, más necesitarán, como las ovejas, un pastor que las conduzca. Sin la vigilancia y la prudencia de éste, el rebaño —aquí, la masa de publicaciones y documentos— se desordena. El último de la hilera de autores que se copian sucesivamente, acaba afirmando lo que nunca pensó decir el primero.

Es lástima grande que un analizador del pasado tan dotado de singulares cualidades como Stefan Zweig, no acuda con más curiosidad a la bibliografía en español existente sobre un tema como el presente, la cual es verdaderamente voluminosa. No pretendemos resumirla aquí; baste citar como cúspide de ella la gran Historia de América y de los pueblos americanos, *dirigida por el insigne don Antonio Ballesteros. A ella pertenece como quinto de sus volúmenes el compuesto por el profesor don Amando Melón y Ruiz de Gordejuela, catedrático de la Universidad de Madrid, que se editó en Barcelona en 1952. Señala allí oportunamente que «la actuación descubridora y exploradora de Vespucio, la única zona de su*

vida objeto de discusión, ocurre en época de loco entu-
siasmo por los viajes y descubrimientos de tierras y ma-
res; de sed de relaciones y noticias sobre unos y otros;
de enorme éxito de la literatura viajera; de segura clien-
tela de lectores de falsos relatos, y más cuando éstos
alentaban timbres de gloria o daban pábulo a celos de
exclusivismos nacionalistas o al orgullo de ciudades con
solera de nautas y atrevidos viajeros».

Nuestra propia época es la más propicia desde aquélla
de Colón para comprender la expectación con que era
acogida cualquier noticia de una tierra incógnita o de un
mar misterioso. También ahora recibimos sin cesar repe-
tidas puntualizaciones de la realidad cósmica, muchas
veces vinculadas al heroísmo y la ciencia de unos pocos
hombres. La llegada a la Luna, la pisada humana en ella,
el avizoramiento próximo de Marte, la nueva contempla-
ción de Saturno, las rectificaciones a que se somete la
sapiencia anterior, todo ello parece una «reprise» de la
época de los descubrimientos. Ahora se lanza al espacio
una nave sideral con el talante con que en el siglo XV
partía de un puerto atlántico una nao o una carabela
hacia un horizonte tenebroso. Y reparemos aún en que
nuestra sensibilidad y nuestra emoción son enormemen-
te menores que las de aquellas gentes, a pesar de que sa-
bemos mucho mejor que éstas las dimensiones trascen-
dentales de cada uno de los triunfos.

Desde que en 1437 Diego de Sevilla había encontrado
las Azores cuando iba «buscando al Poniente muchas tie-
rras e islas que era fama que habían», esta última frase
se repite tan a menudo en la documentación que cabe
estimar que refleja una creencia extendida y sólida. To-
memos por ejemplo de esta fe el hecho de que en 1486
los hermanos Joao y Alvaro Ponte, de las Azores, se arrui-

nasen tratando de alcanzar «las islas del Poniente del Océano», otra vez mencionadas como realidad inequívoca e indiscutible.

Dejamos de lado dos sugestivos ensanchamientos que podían dársele al tema: por una parte, el conocimiento probable de América que parecen haber tenido los pescadores vascos de bacalao, antes de Colón; y por otra, la indicación recogida por Cieza de León y por Alvar Núñez Cabeza de Vaca, de que los primeros conquistadores oyeron referir a los indios que antes habían llegado «otros hombres que traían barbas como nosotros» (Naufragios, capítulo 32). Todo ello, para no meternos ahora en los tan ponderados descubrimientos escandinavos del Nuevo Mundo.

En muchos órdenes de la ciencia y aun de la vida es cuestión de poca monta la de «quién fue primero en» hacer algo, aun cuando los hombres se inclinen todavía a dar aprecio a tal raza de principiadores de las cosas. Pensemos en que los elementos químicos y sus compuestos básicos son de antiquísimo y a veces anónimo y vulgar hallazgo, y que su empleo actual no pudo ser ni imaginado por los primeros conocedores de la materia en cuestión. Para volver al área geográfico-histórica que nos ocupa, ¿qué significado auténtico y real contiene la afirmación de que Bartolomé Díaz descubrió el cabo de Buena Esperanza? ¿Qué tienen en común la mole ceñuda y tenebrosa que él entrevió con el país que luego ha florecido a los pies de aquélla?

La cuestión de la precedencia en unos éxitos náuticos o exploratorios ha suscitado montañas de volúmenes. Situado, sin proponérselo, Vespucio entre las ruedas del molino de la crítica, ha sido víctima de unos descuentos exagerados que se proponen corregir los créditos, también inflados, que le dio antes una fama no buscada.

Todas estas contradicciones de la investigación —sistematizadas magistralmente por Zweig, que tienta al lector a hacer de juez en un sumario que él ha instruido de mano maestra— no deben distraer al que leyere, y el autor cuida mucho de evitarlo, de formarse la convicción de que está contemplando una figura culminante de la historia náutica y de los descubrimientos. Don Rafael Melón, hermano de don Amando y especialista en los viajes vespucianos, así lo señaló, entre mil autores, en su artículo de la revista «Ejército», del año 1941.

Dice también con sumo acierto Henri Vignaud, el ilustre americanista francés, en su Améric Vespuce, sa biographie, sa vie, ses documents *(París, 1917) que nuestro biografiado «es de todos los navegantes de la época de los descubrimientos el que recorrió mayor zona costera del Nuevo Mundo. En el primer viaje, la comprendida entre el cabo de Honduras y la Florida, o quizá Georgia; en el segundo explora el perímetro costero comprendido entre el cabo de San Roque y el golfo de Venezuela. En el tercero, la costa del Brasil entre el cabo de San Roque y La Plata. En el cuarto se mueve dentro de la zona recorrida en el anterior. Llegó a Tierra Firme antes que Colón [ésta es una afirmación, observamos, que en el propio libro de Zweig se valora con más precauciones], y fue el primero en defender con conocimiento de causa la existencia de una gran tierra continental al sur de la descubierta por Colón en sus últimos viajes. La obra del Almirante y Vespucio son complementarias; la gloria del primero no se merma un ápice con la indiscutible del segundo. Sólo espíritus un poco miopes de exclusivista patriotería pueden creer que cuando aumenta el prestigio del florentino tanto disminuye el de Cristóbal Colón».* Esta contraposición de admiraciones, a que tan propensa es la naturaleza humana, está agudamente diagnosticada en este caso particularmente notorio por Zweig, como hemos dicho ya.

No es del caso reseñar por lo menudo la ya tediosa cuestión vespuciana, como a veces se la llama con una frase hecha. Amando Melón resume claramente tres actitudes respecto de ella: la primera, adoptada por el P. Bartolomé de las Casas y por Herrera; la segunda, la citada de Vignaud, y la postrera, la de Alejandro de Humboldt, celosa de la verdad, que no admite el viaje de 1497, pero sí dos viajes de Américo al servicio de España, y es neutral entre la admiración y el denuesto. Añade otras posturas más modernas, como la de Roberto Levillier, en América, la bien llamada (Buenos Aires), que arremete contra la devoción vespuciana de Magnaghi en lo que tiene de extremado y endeble, pero valora positivamente glorias firmes de Vespucio, como su exploración de la costa del Brasil.

La suprema proclamación de sus méritos técnicos está contenida en que se crease para Vespucio, mediante Real Cédula de 22 de marzo de 1508, el cargo importantísimo de Piloto Mayor de la Casa de la Contratación de Sevilla; algo así como —para decirlo en lenguaje moderno— director técnico del tráfico por el Atlántico, con las preeminentes derivaciones de cuidar de la enseñanza náutica de los pilotos que iban a las Indias, y la preparación de mapas de las áreas descubiertas. Unas semanas más tarde, el 6 de agosto de 1508, Fernando el Católico, actuando en nombre de su hija Doña Juana, dirigía a Américo Vespucio una instrucción, muy halagadora, de la que entresa-

camos estas frases: «Por cuanto a nuestra noticia es venido e por experiencia habemos visto que, por no ser los pilotos tan expertos como sería menester... se ha recibido mucho daño e pérdida, e para remediar lo susodicho..., es nuestra merced e voluntad, e mandamos, que todos los pilotos de nuestros reinos e señoríos, que agora son o serán... sean instruidos e sepan lo que es necesario saber con el cuadrante e astrolabio... e que sin lo saber no puedan ir en los dichos navíos por pilotos... sin que primero sean examinados por vos, Mérigo Vespuchi, nuestro Piloto Mayor, e les sea dada por vos carta de examinación e aprobación...»

Ábrese, pues, así para él la más esplendorosa etapa de su vida, aquella en que, entre los muros del *Alcázar* sevillano —donde tenía su sede la *Casa de la Contratación*—, prepara y mantiene al día el «Padrón Real», o carta de las tierras y mares atlánticos donde señorea España. Para tal fin, ha de recibir constantemente las informaciones que le van trayendo los capitanes, obligados a dárselas al llegar a Sevilla. Imaginemos que su tarea tuvo acaso el lenitivo de unos paseos por los jardines del *Alcázar*, entre azahares, cuando no alguna graciosa tertulia con marinos curtidos y veteranos, o con caballeros y comerciantes de Sevilla, ciudad donde iba a comenzar una época de prosperidad y galanura de la que subsisten tantos vestigios.

Los historiadores, aunque sean del lustre y el empuje de los Chaunu, de Céspedes del Castillo, de Lohmann Villena, de Jaime Delgado, Bernal, García Baquero o Ruth Pike, no han agotado todavía el análisis y la descripción de la Sevilla deslumbrante que amanece en estas jornadas.

En ella era Vespucio personaje relevante, y de cuán

14

estimada era su tarea por la Corona da idea la disposición que dio el Rey Fernando en 1511, en ocasión de visitar la Casa de la Contratación, para que sus mapas y papeles anexos fuesen guardados en un arca de tres llaves, igual que los caudales ordinarios. No lo aseveran menos las sucesivas pensiones regias que disfrutaron la viuda, la hermana y aun el sobrino de Vespucio, una vez fallecido éste. Fue así nuestro biografiado de los mejor librados entre los descubridores y conquistadores, pues éstos acabaron sus días, casi sin excepción, entre el rojo de la sangre y el negro de la cárcel, la penuria y la tristeza.

No podría ponerse fin a este prólogo con palabras más felices que las del ilustre hispanista francés Jean Descola, en su obra Los conquistadores del Imperio español, publicada por nuestra Editorial Juventud en 1957: «No todo está en descubrir —dice—: hay que dar un sentido al descubrimiento. Los increíbles esfuerzos, las lágrimas y el sudor de sangre del Almirante de la Mar Oceana no habrían servido de nada si un sabio sereno no hubiera borrado el nombre "Cipango" para escribir otro: "Mundus Novus". Colón atravesó de parte a parte el Mar de las Tinieblas, forzó una barrera tenida por infranqueable, tocó en orillas maravillosas, sin ver en ellas más que el reflejo de su sueño interior. Aquel vagabundo sublime miró el Nuevo Mundo con unos ojos ciegos. Américo Vespucio lo miró de verdad y lo reconoció. De todos modos, el genovés visionario y el florentino lúcido pueden darse la mano. Cristóbal Colón sigue siendo el Descubridor de América, y Américo Vespucio el que la explicó.»

PEDRO VOLTES
Catedrático de la Universidad de Barcelona. Correspondiente de la Real Academia de la Historia

I
AMÉRICO

¿En honor de qué hombre lleva América tal denominación? A esta pregunta responde cualquier escolar prontamente y sin vacilaciones: de Américo Vespucio. Pero una segunda pregunta hallará a los mayores un tanto titubeantes e inseguros. Y la pregunta es: ¿Por qué se bautizó a este continente precisamente con el nombre de Américo Vespucio? ¿Es que Vespucio lo descubrió? ¡No, no lo descubrió! ¿Fue acaso el primero en pisar, no ya las islas antepuestas, sino la verdadera tierra firme? Tampoco es ésta la razón, pues no fue Vespucio, sino que fueron Colón y Sebastián Cabot los primeros en hallar el continente. ¿Fue entonces, tal vez, porque afirmó falsamente haber sido el primero en tocar tierra americana? Vespucio jamás invocó semejante privilegio. ¿Propuso, acaso por vanidad y como hombre de ciencia y cartógrafo, su propio nombre para un continente? No, tampoco lo hizo nunca, y es probable que en toda su vida jamás se enterara de aquella denominación. Entonces, ¿por qué recayó precisamente en él la distinción que conserva su nombre para los tiempos de los tiempos? ¿Cómo se explica que América no se llame Colombia?

La historia de un hombre que, a causa de un viaje que nunca realizó ni afirmó jamás haber efectuado, logra la enorme gloria de ver elevado su nombre a la designación del cuarto continente de nuestra Tierra es toda una cadena de casualidades, equívocos y errores. Desde hace cuatro siglos, esa denominación sorprende y enfada al mundo. Una y otra vez acúsase a Américo Vespucio de haberse apoderado pérfidamente de ese honor mediante maquinaciones desleales y oscuras; y ese pleito alrededor de «un engaño con falsas apariencias» ha sido ventilado ante distintas instancias científicas. Unas le han absuelto, otras le han condenado a la vergüenza eterna. Y cuanto más apodícticamente le declaraban inocente sus defensores, tanto más apasionados le inculpaban sus contrarios por engaño, falsificación y aun robo. Esas polémicas, con todas sus hipótesis y pruebas y contrapruebas, llenan bibliotecas enteras; los unos consideran al padrino de América como *amplificator mundi,* uno de los grandes ensanchadores de nuestro mundo, descubridor, navegante, sabio de suprema categoría, mientras que otros ven en él al engañamundos y estafador más atrevido de la historia geográfica. ¿De qué parte está la verdad, o —digamos, más cautelosamente— la extrema probabilidad?

Hoy, y desde ya hace mucho tiempo, el caso Vespucio ha dejado de ser un mero problema en materia geográfica o filológica. Es un juego de ingenio en el que puede ensayarse cualquier curioso y, además, un juego fácil de abarcar con la mirada por ser un juego con pocas figuras, pues el *opus* literario que de Vespucio conocemos abarca, incluyendo todos los documentos, *in summa* de 40 a 50 páginas. Por eso me creí también con derecho a colocar y mover una vez más esas figuras y a jugar la célebre partida maestra de la historia con su multitud de movimientos sorprendentes y equivocados. La única exigencia de índole geográfica que mi reconstrucción impone al lector es ésta: olvidar todo lo que sabe de

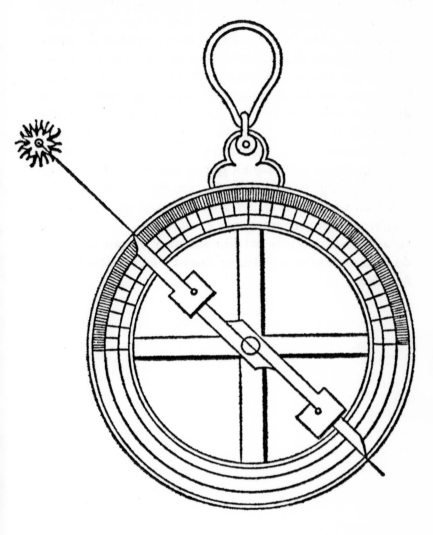

El astrolabio náutico era el instrumento más práctico de que disponían los navegantes en tiempos de Américo Vespucio. Parece ser que Cristóbal Colón se servía de un instrumento de este tipo para tomar la altura de la Estrella Polar y conocer con facilidad su latitud

geografía gracias a nuestros Atlas completos y borrar por una vez de su mapa interior la forma, configuración y hasta la existencia de América. Sólo el que logra inundar su alma con la penumbra e incertidumbre de aquel siglo puede volver a experimentar la sorpresa y el entusiasmo que embargó a una generación cuando los primeros contornos de un mundo insospechado empezaron a dibujarse sobre un ámbito que hasta entonces no tenía ribera. Pero cuando la Humanidad reconoce algo nuevo, quiere darle un nombre. Cuando alguien se siente embriagado de entusiasmo, quiere que sus labios vibren lanzando un grito de júbilo. Por eso fue un día de dicha aquel en que el viento del azar le arrojó de repente un nombre, y sin preguntar por el derecho o la injusticia, recogió impaciente la palabra sonora y vibrante, y saludó a su mundo nuevo con su nuevo y eterno nombre de América.

II
LA SITUACIÓN HISTÓRICA

Año 1000: Un sueño pesado y triste envuelve al mundo occidental. Los ojos están demasiado cansados para mirar despiertos, los sentidos demasiado agotados para moverse curiosos. El espíritu de la Humanidad está paralizado como al cabo de una enfermedad letal, no quiere saber nada más del mundo. Y lo que es más extraño todavía: ha olvidado de modo inexplicable aun aquello que sabía antes. Ha olvidado cómo se escribe, cómo se lee, cómo se calcula, y los propios reyes y emperadores de Occidente no son capaces ya de poner su nombre al pie de un pergamino. Las ciencias se han entumecido, supeditadas a un sistema filosófico; la mano del hombre no sabe ya reproducir su propio cuerpo en el dibujo o la plástica. Se diría que una neblina impenetrable se tiende sobre todos los horizontes. Ya nadie viaja, nadie sabe nada de países extraños; la gente se atrinchera en castillos y ciudades para defenderse contra pueblos salvajes que una y otra vez irrumpen desde el Este. Se vive en la estrechez, se vive en la penumbra, se vive sin coraje: un sueño pesado, triste, gravita sobre el mundo occidental.

De tarde en tarde alborea sobre ese adormecimiento óseo un recuerdo incierto de que el mundo alguna vez había sido distinto, más amplio, más cromático, más luminoso, más alado, cuajado de acaecimientos y aventuras. ¿No hubo antes carreteras que cruzaban todos los países y no pasaron por ellas las legiones romanas y en pos de ellas los lictores, los guardianes del orden, los hombres de la ley? ¿No existió una vez un tal César, el cual conquistó a un mismo tiempo Egipto y Britania? ¿No navegaban los trirremes del otro lado del Mediterráneo que desde hace tiempo ningún barco se atreve ya a cruzar por temor a los piratas? ¿No avanzó en otro tiempo un rey Alejandro hasta la India, el país legendario, pasando a su regreso por Persia? ¿No hubo antaño hombres de ciencia que sabían leer en las estrellas y que tenían nociones de la forma de la tierra y conocimiento de los misterios del hombre? Habría que enterarse de todo esto consultando libros. Pero no hay más libros. Habría que viajar y ver países extraños. Pero no quedan carreteras. Todo ha pasado. Quizá no fuera más que un sueño.

Y luego, ¿para qué esforzarse? ¿Para qué empeñar otra vez las fuerzas, puesto que todo ha terminado? En el año 1000, así se anunció, perecerá el mundo. Dios lo ha juzgado porque cometió demasiados pecados —así predicaban los sacerdotes desde los púlpitos—, y con el primer día del nuevo milenio se iniciará la jornada del juicio final. Confusos, con los vestidos hechos jirones, los hombres se aglomeran y forman procesiones, con velas encendidas en las manos. Los labriegos abandonan el campo, los ricos venden y despilfarran sus bienes, porque mañana vendrán, vendrán los jinetes del Apocalipsis montados en pálidos corceles; el día postrero está cercano. Y miles y miles de hombres se arrodillan de noche —esta última noche— en las iglesias, y esperan el hundimiento en la eterna oscuridad.

Año 1100: No, el mundo no ha perecido. Una vez más Dios se ha mostrado clemente con la Humanidad, que puede seguir viviendo. Debe continuar viviendo para dar testimonio de Su Bondad, de Su Grandeza. Hay que darle las gracias por su merced. Hay que elevar la gratitud hacia los cielos acompañando el rezo con acciones, y así se elevan los templos, las catedrales, esos pilares pétreos de la oración. Y hay que profesar amor a Cristo, el mediador de su gracia. ¿Se puede seguir tolerando que el lugar de sus sufrimientos y su Santo Sepulcro permanezcan en las manos perversas de los paganos? ¡Adelante, caballeros del Occidente, arriba, fieles todos! ¡A Oriente! ¿No habéis oído el grito: «Dios lo quiere»? ¡Salid de vuestros castillos, de vuestras aldeas, de vuestras ciudades; adelante, uníos a la cruzada a través de los países y los mares!

Año 1200: El Santo Sepulcro ha sido conquistado y vuelto a perder. Vana ha sido la Cruzada y, sin embargo, fructífera. Porque en ese viaje despertó Europa. Ha sentido su propia fuerza, ha medido su propio valor, ha redescubierto cuanto de nuevo y distinto cabe y tiene una patria en este mundo de Dios, otros árboles, otras frutas, otros géneros, y hombres y animales y costumbres bajo otros cielos. Asombrados y avergonzados, los caballeros y sus aldeanos y siervos han visto en Oriente cuán estrecha, cuán sórdidamente vivían en la casa de su rincón occidental, y cuán rica, cuán refinada, cuán suntuosamente vivían, en cambio, los sarracenos. Estos herejes, menospreciados a distancia, tienen géneros lisos, suaves y frescos de seda india, tapices, gruesos y relu-

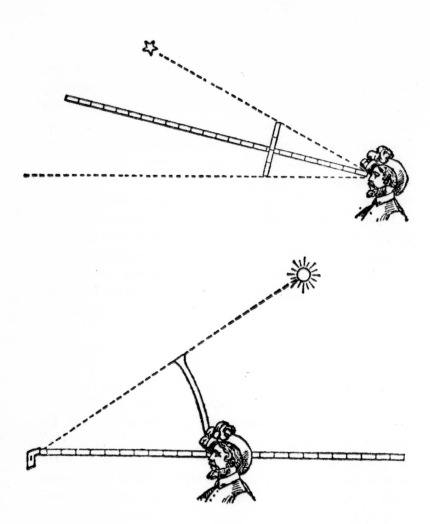

La ballestilla, descrita por primera vez en 1342 por Levi
Gerson, de Bañolas, como *baculus jacobi*, era otro de los
instrumentos disponibles para tomar la altura de las estrellas. En la ilustración inferior podemos ver la realizada
por John Davis. De menor tamaño que la anterior, era un
instrumento realmente práctico; permitía tomar la altura
del sol poniéndose de espaldas al mismo y solía estar
equipada con cristales ahumados como los modernos
sextantes

cientes de colores, de Bujara; tienen especias y hierbas y aromas que excitan y dan alas a los sentidos. Sus naves llegan a los países más lejanos para regresar con esclavos y perlas y fulgurantes metales, sus caravanas recorren las carreteras en viajes interminables. No, no son pícaros miserables, según se había creído; conocen la tierra y sus misterios. Tienen tablas y mapas en los que todo está escrito y registrado. Hay en su medio sabios que conocen el curso de los astros y las leyes con sujeción a las cuales se mueven. Han conquistado países y mares, se han adueñado de todo el comercio, de todas las riquezas, de todo el gozo de la existencia, y, sin embargo, no son mejores guerreros que la caballería alemana, que la caballería franca.

¿Cómo lo han hecho? ¡Han aprendido! Tienen escuelas, y en las escuelas escrituras que todo lo transmiten y explican. Poseen los conocimientos de los antiguos sabios de Occidente y los han aumentado con conocimientos nuevos. Hay que aprender, pues, para conquistar el mundo. No hay que malgastar las energías en torneos y orgías desaforadas; también hay que hacer el espíritu flexible, agudo y movedizo como una espada toledana. ¡Hay que aprender, pues, a pensar, estudiar y observar! En impaciente carrera, una universidad surge al lado de otra, en Siena y Salamanca, en Oxford y Toulouse. Cada país de Europa quiere ser el primero en adueñarse de la ciencia. Después de siglos de indiferencia, el hombre occidental trata nuevamente de sondear el misterio de la tierra, el cielo y el ser humano.

Año 1300: Europa, dejando de concentrarse únicamente en la teología, dirige la vista al mundo. No es necesario meditar siempre nada más que acerca de Dios, no tiene sentido interpretar y discutir siempre nada más que los textos escolásticos. Dios es el Creador, y puesto que hizo al hombre a su imagen y semejanza, le quiere activo, creador. En todas las artes, en todas las ciencias queda aún la herencia del ejemplo de los griegos y romanos; quizá sea posible alcanzarlos, volver tal vez a saber lo que ya se sabía en la Antigüedad, y quién sabe

La «Manzana de la Tierra», hecha por Martín Behaim en 1492. Es el globo terráqueo más antiguo que existe

si no será hacedero incluso superarlos. Un nuevo valor se inflama en Occidente. Se empieza otra vez a escribir, a pintar, a filosofar, y he aquí que el buen éxito no se retrasa. Se le conquista maravillosamente. Surgen un Alighieri, un Giotto, un Rogerio de Bacon, y los maestros de las catedrales; apenas el espíritu vuelve a sentir por primera vez las alas a que durante largo tiempo se había desacostumbrado, y ya atraviesa, liberado, con ímpetu, todas las lejanías y lontananzas.

Pero ¿por qué permanece tan estrecha la tierra debajo de él? ¿Por qué sigue tan limitado el mundo terrenal, geográfico? En todas partes está el mar, frente a todas las costas el mar se tiende y con él lo desconocido y lo impenetrable, ese océano imposible de abarcar con la vista, *ultra nemo scit quid contineatur*: nadie sabe lo que oculta. Sólo hay un camino rumbo al Sur, que, pasando por Egipto, conduce a los soñados países de la India, pero ese camino está atajado por los gentiles. Y ningún mortal puede atreverse a pasar más allá de las Columnas de Hércules, el estrecho de Gibraltar. Estas columnas significarán eternamente el fin de todas las aventuras, según la palabra de Dante:

> ...*quella foce stretta*
> *Dov'Ercole segno il suoi reguardi,*
> *Accio-che l'uom più oltre non si metta.*

Pero, ¡ay!, ninguna ruta conduce al *Mare tenebrosum*: no retornará ninguna nave que se dirija hacia ese desierto oscuro. El hombre debe vivir en un espacio que desconoce, está encerrado en un mundo cuya medida y forma seguramente no se profundizará jamás.

Año 1298: Dos hombres barbudos, de edad, acompañados por un joven, al parecer hijo de uno de aquéllos, arriban en un barco a Venecia. Visten extraña indumentaria, nunca vista junto al Rialto, largas levitas adornadas con pieles y singulares colgantes. Pero, cosa más rara todavía: esos tres extranjeros hablan el más auténtico dialecto veneciano y afirman ser nativos de la ciudad y llamarse Polo. Marco Polo se llama el menor. Desde luego, no hay que tomar en serio lo que cuentan. Dicen que más de dos décadas atrás salieron de Venecia y, pasando a través del imperio moscovita, Armenia y Turquestán, habían llegado a Mangi, la China, y que habían vivido en la corte del monarca más poderoso de la Tierra, Kubla Kan. Habían atravesado todo el dilatado imperio, en comparación con el cual Italia sería como un clavel al lado de un tronco de árbol, y habían llegado al borde del mundo donde nuevamente se tiende el océano. Y cuando al cabo de los años el Gran Kan los dispensó, con muchos regalos, de su servicio, ellos habían vuelto desde el océano a la patria, pasando primero por Cipango y las islas de las especias y la gran isla Tapropane (Ceilán) y luego a lo largo del golfo de Persia, hasta regresar por fin, después de haber tocado en Trebisonda. Los venecianos escuchan a los tres y se ríen. ¡Qué cuenteros tan entretenidos! No hay testimonio digno de crédito de que jamás cristiano alguno haya llegado hasta ese océano desde el otro extremo, ni haya pisado esas islas de Cipango y Tapropane. ¡Imposible! Pero los Polo invitan a algunas personas a su casa y les muestran los regalos y piedras preciosas, y asombrados reconocen los atropellados escépticos que sus compatriotas han realizado el

Américo Vespucio. Detalle del mapamundi de Waldsee-müller, impreso en 1507.

AMERICVS VESPVCIVS

Américo Vespucio. Medallón del siglo XV.

Zpis o nowych zemiech A o nowem
wietie O niemzto gsme prwe žadne
znamost netieli Ani kdy zo slychali

Tiechto ğasuow nassych W nichzto
kraluge nayiasniegssy kral Ferdinan.
dus Kral Hispansky Katoluisky Por
ugalitsky etč A Alžbieta manželka ge°
Prihodilo se gest : ze nietterzy plav

Portada de la traducción checa del *Novus Mundus*.

descubrimiento más audaz de su tiempo. Su fama recorre entonces ruidosamente el Occidente y da nuevas alas a la esperanza; es posible, pues, llegar a la India. Es posible alcanzar las más ricas regiones de la Tierra y seguir desde allá hasta el extremo opuesto del mundo.

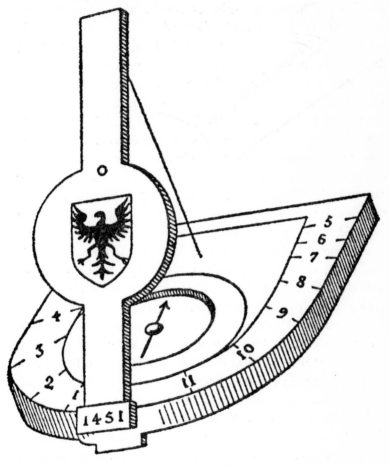

Otro ingenio para obtener la situación por medio del sol, que data de 1451. Muy atractivo; en la práctica daba unas lecturas muy aproximadas

Año 1400: ¡Llegar a la India! Ése es ahora el sueño del siglo. Y es a la vez la ilusión de la vida de un hombre aislado, el príncipe Enrique de Portugal, a quien la historia llama Enrique el Navegante a pesar de que él personalmente jamás se embarcó rumbo al océano. Pero su vida y sus esfuerzos están dedicados a ese solo sueño de «pasar a donde nacen las especierías», las islas índicas; de llegar a las Molucas, donde prosperan la canela, la pimienta y el jengibre que los mercaderes italianos y flamencos pagan todos los días a precio de oro. Los otomanos han cerrado a los infieles el mar Rojo, la ruta más directa, el *rumus*, y arrebatado el comercio lucrativo transformándolo en monopolio. ¿No sería una verdadera cruzada —provechosa y cristiana a la vez— si se atacase a los enemigos del Occidente por la espalda? ¿No se podría, acaso, circunnavegar África para llegar a las islas de las especias? Viejos libros registran, por cierto, la extraña noticia de un barco fenicio que en un viaje de dos años, siglos atrás, volvió a Cartago luego de haber partido del mar Rojo y navegado alrededor de África. ¿No podría lograrse nuevamente otro tanto?

El príncipe Enrique se reúne con los sabios de su tiempo. Ha mandado levantar una casa en el punto extremo de Portugal, el cabo de Sagres, donde el infinito mar Atlántico arroja espuma hasta lo alto de las rocas. Y allí colecciona mapas e informes náuticos; uno tras otro manda llamar a todos los astrónomos y pilotos; los sabios de más edad declaran que toda navegación allende el ecuador es imposible. Evocan el testimonio de Aristóteles y Estrabón y Tolomeo, los sabios de la Antigüedad. En las inmediaciones del trópico, el mar se transformaría en un líquido espeso, un *mare pigrum,* y las naves se incendiarían bajo el ardor del sol a plomo. A juicio de ellos, en aquellas zonas no podía vivir nadie ni prosperar ningún árbol ni un pobre tallo de hierba; los navegantes tendrían que morir de sed en alta mar o perecer de hambre en tierra.

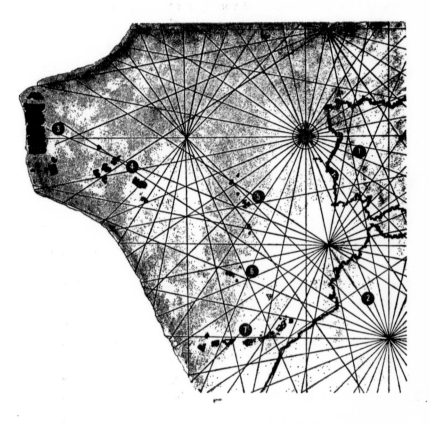

Sección de la carta trazada por Jacme Bertrán en 1482, con islas en el Atlántico Norte, reales o imaginarias: 1, península ibérica; 2, África; 3, la imaginaria isla de Antilla; 4, las Azores; 5, la legendaria isla del Brasil y otras islas imaginarias; 6, islas Madeira; 7, islas Canarias

Pero hay luego otros hombres de ciencia, judíos y árabes, que los contradicen. Según ellos, podía hacerse la tentativa, puesto que aquéllos eran cuentos que habían hecho correr los negociantes moros para desanimar a los cristianos. El gran geógrafo Edrisi había comprobado mucho tiempo atrás que al Sur se tendía un país fértil, Bilad Ghana (Guinea), de donde los moros conseguían esclavos negros en caravanas que atravesaban el desierto. Y afirmaban esos sabios que habían visto mapas, mapas árabes, en que estaba marcada la ruta alrededor de África. A su juicio, se podía hacer la tentativa de navegar a lo largo de la costa, ya que los nuevos instrumentos permitían determinar las latitudes y la aguja de imán traída de la China señalaba la dirección del Polo. Y se podía hacer tal tentativa siempre que se construyeran barcos mayores y mejor dotados para hacerse a la mar. El príncipe Enrique imparte la orden. Y se inicia la grande y arriesgada empresa.

Año 1450: Ha comenzado la gran aventura, la inmortal proeza lusitana. En el año de 1419 queda descubierta Madera, o, mejor dicho, queda redescubierta; en 1435 conócense las tan largo tiempo buscadas *inculae fortunatae* de los antiguos. Cada año trae un nuevo avance. Cabo Verde ha sido circunnavegado; en 1445 ha sido alcanzado Senegal, y he aquí que en todas partes hay palmeras y frutas y hombres. Ahora ya el nuevo tiempo sabe más que los sabios del pasado, y triunfante puede Nuno Tristao informar al regreso de su expedición que, «con permiso de su merced el Tolomeo», ha descubierto tierra fértil allá donde los griegos negaban toda posibilidad. Por primera vez en un milenio un navegante osa hacer escarnio de los omniscientes de la geografía. Los nuevos héroes se superan uno a otro. Diego Cam y Diniz Díaz, Cadamosto y Nuno Cristao; cada uno de ellos coloca en una costa hasta entonces desconocida el monumento orgulloso con la cruz de Portugal como signo de toma de posesión. Admirado sigue el mundo por el avance hacia lo ignorado de ese pequeño pueblo que cumple solo el *feito nunca feito*, la hazaña nunca realizada.

Año 1486: ¡Triunfo! ¡África ha sido circunnavegada! Bartolomé Díaz ha dado la vuelta al cabo Tormentoso, al cabo de la Buena Esperanza. Desde allí, la ruta no continúa más al Sur. Sólo hay que enfilar, a favor de monzones oportunos, rumbo al Este, a través del océano, siguiendo la ruta que ya se conoce por los mapas que la expedición de los enviados judíos al Preste Juan, el emperador cristiano de Abisinia, trae, de regreso, al rey de Portugal; luego habríase alcanzado la India. Pero la tripulación de Bartolomé Díaz está agotada y escamotea así una proeza que luego realizará Vasco de Gama. ¡Basta por esta vez! Se ha encontrado la ruta. Ya nadie puede adelantarse a Portugal.

Año 1492: ¡Sí, puede! Alguien se ha adelantado a Portugal. Ha ocurrido algo increíble. Un tal Colón o Colom o Colombo —*Christophorus quídam Colonus vir Ligurus*, según informa Pedro Mártir—, un hombre absolutamente desconocido, «una persona que ninguna persona conocía», según informa otro, ha salido bajo el pabellón español al océano abierto, tomando rumbo al Oeste en vez de seguir la ruta al Este, pasando por África, y —¡mila-

Cristóbal Colón, según un grabado de madera hecho a finales
del siglo XVI por el artista suizo Tobías Stimmer

gro sin igual! — por ese *brevissimo cammino* llegó a la
India, de acuerdo con su declaración. Es verdad que no
dio con el Kubla Kan de Marco Polo, pero de creer en
su informe, estuvo primero en la isla Cipango (Japón) y
desembarcó luego en Mangi (China). Unos pocos días de
viaje más y hubiera llegado al Ganges.

Europa queda asombrada cuando Colón regresa trayendo indios de un extraño color rojizo, papagayos, animales raros e historias muy largas referentes al oro. Cosa rara, muy rara... De modo que el globo terráqueo es al final, efectivamente, menor de lo que se había creído, y Toscanelli decía entonces la verdad. Sólo hace falta seguir por espacio de tres semanas rumbo al Oeste, partiendo de España o Portugal, y ya se llega a la China o al Japón y la proximidad inmediata de las islas de las especias. ¡Qué estupidez, entonces, viajar como los portugueses y perder seis meses para la vuelta a África, puesto que la India y sus tesoros están ya a tan corta distancia de las puertas de Europa! Y, como primera providencia, España se asegura, mediante una bula papal, esa ruta hacia el Oeste, así como todos los países que en ella se descubran.

Año 1493: Colón, que ya no es un *quídam*, sino gran almirante de Su Majestad Real y virrey de las provincias recién descubiertas, sale por primera vez en viaje a la India. Lleva cartas de su reina al Gran Kan, a quien esta vez espera encontrar con certeza en la China. Le acompañan mil quinientos hombres, guerreros, marineros, colonos y hasta músicos «para entretener a los aborígenes», y además lleva cajones abundantemente guarnecidos con hierro para el oro y las piedras preciosas que piensa traer de vuelta de Cipango y Calicut.

Año 1497: Otro navegante, Sebastián Cabot, ha atravesado el océano partiendo de Inglaterra. ¡Y asombroso!, también llega a tierra firme. ¿Será el antiguo «Vin-

Astrolabio astronómico de Regiomontanus, 1468, que era a
la vez una carta de estrellas

land» de los vikingos? ¿Será la China? Es de todos modos maravilloso que el océano, el *mare tenebrosum*, haya
quedado vencido y tenga que entregar su secreto a los
valientes, pedazo a pedazo.

Año 1499: ¡Júbilo en Portugal, sensación en Europa! Vasco de Gama regresa de la India, luego de haber doblado el peligroso cabo. Ha tomado la otra ruta, la más larga y dificultosa, pero ha desembarcado en Calicut junto a los *zamorín* legendariamente ricos, y no sólo como Colón, en pequeñas islas y apartada tierra firme. Ha sido el corazón de la India y sus tesoros. Y ya se prepara una nueva flota al mando de Cabral. España y Portugal están corriendo una carrera por la India.

Año 1500: ¡Un nuevo acontecimiento! En su viaje alrededor de África, Cabral se desvió con exceso en dirección al Oeste, y enfilando luego al Sur, dio otra vez con tierra, como Cabot en el Norte. ¿Es ésa la isla Antilla, la legendaria Antilla que figura en los mapas de los antiguos? ¿O es nuevamente la India?

Año 1502: Ocurre demasiado para que todo pueda ser comprendido, concebido y abarcado con la mirada. En una sola década se ha descubierto más que antes en un milenio. Una tras otra las embarcaciones salen de los puertos, y cada una regresa con nuevo mensaje. Es como si una niebla mágica se hubiese desgarrado de repente: en todas partes, al Norte lo mismo que al Sur, aparece tierra; en todas partes surgen islas dondequiera que enfile la quilla, rumbo al Oeste; el almanaque con todos sus santos no contiene suficientes nombres para bautizar a todas ellas. El almirante Colón sólo, afirma haber descubierto mil islas y asegura haber visto los ríos que nacen en el Paraíso. Pero, ¡qué cosa tan extraña! ¿Cómo se explica que todas esas islas, esos países raros en la costa de la India hayan sido ignorados por los antiguos y los árabes? ¿Por qué no los mencionó Marco Polo? ¡Cuán distinto es lo que él cuenta de Cipango y Zaitun de lo que encontró el almirante! Todo eso es tan confuso y contradictorio, tan lleno de misterio que uno acaba por no saber a qué atenerse con respecto a esas islas al Oeste. ¿Se habrá dado en verdad ya la vuelta al mundo? ¿Será cierto que Colón ha estado tan cerca del Ganges que, viniendo desde el Oeste, hubiera podido encontrarse con Vasco de Gama, que avanzaba desde el Este? La redondez de la Tierra, ¿es menor o mayor de lo que se había pensado? Ahora que los impresores alemanes han hecho libros más fácilmente accesibles, ojalá salga a la luz uno que explique todos esos milagros. Impacientes esperan los sabios, los navegantes, los mercaderes, los príncipes, espera Europa. Después de tantos descubrimientos, la Humanidad quiere saber, finalmente, qué es lo que se ha descubierto. No hay quien no tenga la sensación de que se ha logrado la proeza decisiva del siglo, pero ésta carece aún de un sentido y de una interpretación.

III

TREINTA Y DOS PÁGINAS DE INMORTALIDAD

En 1503 se distribuyen casi simultáneamente en las más diversas ciudades —en París, en Florencia, no se sabe en cuál primero— unas hojas impresas, de cuatro a seis en total, tituladas *Mundus Novus*. Al poco tiempo se sabe que el autor del tratado, escrito en lengua latina, es un tal Albericus Vespucius o Vesputius, el cual, en forma de carta dirigida a Lorenzo Pedro Francisco de Médicis, hace una relación del viaje que efectuó a tierras ignotas por encargo del rey de Portugal. Tales relaciones epistolares de viajes de descubrimiento no son nada extraordinarias en aquellos tiempos. Todas las grandes casas de comercio alemanas, holandesas e italianas: los Fugger, los Welser, los Médicis, y también la Señoría de Venecia, tienen sus corresponsales en Lisboa y en Sevilla, y éstos informan, con propósitos orientadores, de cada expedición a las Indias que llega a su término; las cartas de los agregados comerciales son muy solicitadas porque, en realidad, contienen secretos comerciales, y las copias se venden y se compran como objetos de valor, lo mismo que los mapas —portulanos— de las costas recién descubiertas. Ocurre a veces que una de esas copias llega a manos de un impresor hábil en negocios, que no tarda en imprimirla. Y estos volantes, que son para el gran público lo que más tarde los periódicos, por cuanto facilitan rápidamente gran cantidad de novedades interesantes, se venden en las ferias, juntamente con indulgencias y recetas médicas. Un amigo los envía a otro, junto a una carta o a un paquete; de esta suerte una carta originariamente particular de un factor a su jefe adquiere a veces la publicidad de un libro impreso.

Desde la primera carta de Colón, del año de 1493, en que anunció su arribo a las islas situadas «cerca del

Este grabado representa el temible grifo según creyeron verlo, seguramente por efectos del hambre y el cansancio, algunos expedicionarios al Nuevo Mundo

Ganges», ninguno de esos boletines de la época llamó tanto la atención ni cobró tan trascendental importancia como las cuatro hojas del completamente desconocido Albericus. El texto mismo anuncia cierta sensación. La carta había sido traducida *ex italica in latinum linguam*, del italiano al latín, «para que todas las personas cultas llegasen a saber cuántas cosas admirables se descubren en estos días» (*quam multa miranda in dies reperiantur*), cuántas tierras ignotas hasta el día de hoy se están descubriendo y cuánto está contenido en ellas (*quanto a tanto tempore quo mundus cepit ignota sit vastitas terræ e quæ continetur in ea*). Este anuncio, un tanto fanfarrón, es de suyo buen reclamo para la gente, ávida de noticias; las hojas se venden por consiguiente como el pan. Se reimprimen varias veces en las ciudades más lejanas; se traducen al alemán, al holandés, al francés y al italiano, y no se tarda en incluirlas en todas las colecciones de relaciones de viajes, que a la sazón empiezan a publicarse en todos los idiomas; esta hoja volante es una piedra miliar, cuando no es la piedra fundamental de la geografía moderna para el mundo, que todavía no sospecha nada.

Es natural el ruidoso éxito del minúsculo librito. Porque ese Vespucio, desconocido, es el primero de todos los navegantes que sabe hacer un relato bueno y ameno. Los que en general van en aquellos barcos de aventureros son raqueros analfabetos, soldados y marineros que ni siquiera saben poner su propia firma, o, cuando mucho, algún escribano, jurisperito prosaico, que yuxtapone fríamente los hechos, o un piloto que registra los grados de latitud y los de longitud. En las postrimerías de aquel siglo, el público aún no tenía noticia de lo que en realidad había sido descubierto en aquellas tierras lejanas. He aquí que aparece un hombre digno de fe, y hasta erudito, que no exagera las cosas ni las inventa, sino que relata con sinceridad, que, por mandato del rey de Portugal, salió el 14 de mayo de 1501 con el fin de cruzar el océano, navegando dos meses y dos días bajo un cielo tan oscuro y borrascoso que no se podía ver el sol ni la luna. Hace al lector copartícipe de todos los sucesos terribles, narrando que habían abandonado ya toda esperanza de feliz arribo, puesto que los buques hacían agua taladrados por la carcoma. Pero, gracias a su capacidad de cosmógrafo, divisaron, finalmente, el 7 de agosto de 1501 —la fecha no es la misma que en otras relaciones suyas, mas hay que tolerar las faltas de exactitud de este hombre tan erudito—, divisaron tierra, ¡tierra de promisión! Allí no era preciso trabajar ni afanarse. Los árboles no han de ser cultivados para que den frutas; límpida y salubre es el agua de los ríos y manantia-

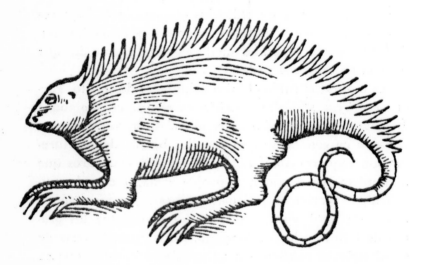

Una iguana tal como la dibujó un artista del siglo XVI

48

Nao medieval, siglo XV. La famosa Nao de Mataró.

les; en el mar hay abundancia de peces; la tierra es muy fértil y está henchida de frutos sabrosos y completamente desconocidos; frescas brisas soplan por la tierra ubérrima, y las espesas selvas hacen agradables los días de mucho sol. Hay allí mucha variedad de animales, especialmente de aves, de cuya existencia Tolomeo no tenía la menor idea. Los habitantes de aquel país viven todavía en estado de inocencia absoluta; tienen la piel de color cobrizo, debido a que, según explica el viajero, andan desnudos desde el nacimiento hasta la muerte, tostados por el sol; no poseen vestidos, ni joyas, ni propiedad alguna. Todo pertenece a todos en común, aun las mujeres, de cuya sensualidad siempre complaciente, el erudito trae a cuento unas anécdotas harto picantes. La vergüenza y las obligaciones morales son ajenas a aquellas almas cándidas; el padre duerme con la hija, el hermano con la hermana y el hijo con la madre; no hay complejos de Edipo ni represiones, y, sin embargo, suelen alcanzar una edad de ciento cincuenta años si —y ésta es su cualidad más repugnante— no se devoran anteriormente unos a otros, como caníbales. En substancia, «si el paraíso terrenal existe en alguna parte, no debe de distar mucho de aquí». Antes de salir del Brasil —pues así se llama el paraíso descrito—, Vespucio se explaya sobre la hermosura de las estrellas que resplandecen en constelaciones y signos diferentes sobre este hemisferio bendito, y promete narrar en otro libro nuevos detalles de éste y otros viajes, «para que el recuerdo de él siga vivo en la posteridad» (*ut mei recordatio apud posteros vivat*), y que «sea conocida la milagrosa obra de Dios aun en esta parte hasta ahora desconocida de su tierra».

Es fácil comprender la sensación que aquel relato vivido y pintoresco causó entre los coetáneos. No solamente satisface y excita al mismo tiempo la curiosidad por aquellas regiones ignotas, sino que Vespucio toca, inconscientemente, una de las esperanzas más misteriosas de la época al decir que «si el paraíso terrenal existe en alguna parte, no debe de distar mucho de aquí». Hacía mucho que los Santos Padres, en particular los teólogos griegos, habían afirmado que Dios no destruyó el Paraíso después de la desobediencia de Adán. Sólo lo había trasladado al «anticton», tierra de los antípodas, un espacio inaccesible para el hombre. Según la teología mí-

Canoa de las Indias Occidentales. Grabado de 1563

tica, ese «anticton» estaría situado allende el océano, es decir, al otro lado de la zona infranqueable para los mortales. Mas ya que la audacia de los descubridores había cruzado el océano hasta entonces insondable y llegado al hemisferio de las otras estrellas, ¿no podía realizarse todavía el antiguo ensueño de la Humanidad?, ¿no se podría recuperar el Paraíso? Es, pues, natural que la descripción que Vespucio hace de aquel mundo de inocencia por él visto, y que se asemeja de un modo extraño al de antes de la caída del primer hombre, emocionara a una época que, como la nuestra, vivía en medio de catástrofes. En Alemania se inicia el levantamiento de los campesinos, que ya no quieren soportar la servidumbre feudal; Italia y Francia quedan asoladas por la guerra. Miles, centenares de miles de hombres, rendidos por esas tribulaciones diarias y por tener repugnancia a aquel mundo sobreexcitado, se han refugiado en los conventos y monasterios; en ninguna parte hay tranquilidad, ni descanso, ni paz para «el hombre del pueblo», que no pretende más que una existencia modesta y sosegada, y de repente llega un mensaje y vuela en unas hojas pequeñas de ciudad en ciudad: una persona digna de confianza, no un impostor, ni un Simbad ni otro mentiroso, sino un hombre sabio, enviado por el rey de Portugal, había descubierto, mucho más allá de todas las zonas conocidas, un país donde el hombre puede vivir todavía en paz. Un país donde el alma no sufre los trastornos de la lucha por el dinero, por los bienes de fortuna, por el poder. Un país donde no hay príncipes ni reyes, ni tiranos, ni jefes de prestaciones personales; donde uno no tiene que matarse trabajando por el pan de cada día; donde la tierra alimenta al hombre con su abundancia; y donde el hombre no es todavía eterno enemigo del hombre. Es una antiquísima esperanza religiosa, esperanza mesiánica la que Vespucio, un desconocido, alienta por medio de su relación; ha tocado en el más profundo anhelo de la Humanidad; en el ensueño de la libertad de la moral, del dinero, de la ley y de los bienes: en el irresistible deseo de vivir sin fatiga, sin cargar con ninguna responsabilidad, que cada hombre abriga en la penumbra misteriosa de su alma, cual vago recuerdo del Paraíso.

Esta circunstancia singular habrá sido favorable a aquel pequeño número de hojas mal impresas, en el sentido de asegurarles una influencia histórica mucho más trascendental que la de todas las demás relaciones, incluso la de Colón; pero la verdadera celebridad y la verdadera importancia del diminuto folleto no se deben a su contenido ni a la tensión psíquica que provocó en los coetáneos. El suceso propiamente dicho de esta carta es —cosa extraña—, no la carta misma, sino su título, las dos palabras, las cuatro sílabas: *Novus Mundus*; dos palabras, cuatro sílabas que produjeron una revolución sin precedentes en el modo de considerar el cosmos. Hasta aquella hora, Europa había considerado como acontecimiento de la época el que en el término de una década se llegara por dos caminos a las Indias, el país de los tesoros y de las especias; Vasco de Gama había tomado el camino por Oriente, navegando alrededor de África, y Cristóbal Colón, el rumbo por Occidente, cruzando el océano, no atravesado hasta entonces. La gente miraba con asombro los tesoros que Vasco de Gama traía de los palacios de Calicut, y escuchaba con curiosidad los relatos del gran número de islas que Cristóbal Colón, almi-

Grabado en madera del siglo XVI con una escena de caníbales

rante del rey de España, creía haber encontrado cerca de la costa de China. Según su afirmación, él también había puesto el pie en el país del Gran Kan, descrito por Marco Polo; por eso pareció que se había dado la vuelta al mundo y que se había llegado por ambos caminos a las Indias, país inaccesible desde hacía mil años.

Y he aquí que otro navegante, aquel hombre raro llamado Albericus, anuncia algo mucho más asombroso. Todavía dice en su escrito que navegando siempre hacia el Occidente, llegó no a las Indias, sino a tierras desconocidas, situadas entre Asia y Europa, es decir, a una nueva parte del mundo. Vespucio escribe textualmente que se puede llamar Nuevo Mundo (*Novum Mundum appellare licet*) a las regiones que él descubrió por encargo del rey de Portugal, y apoya esta idea suya con abundantes razones. «Puesto que ninguno de nuestros antepasados tuvo noticia de estas tierras que hemos visto, ni de lo que hay en ellas, tenemos conocimientos mucho más amplios que ellos. Los más de ellos creían que al sur del equinoccio no había tierra firme, sino sólo un mar infinito, al que daban nombre de Atlántico, y aun los que admitían la posibilidad de que por allí se encontrara un continente tenían diversas razones para suponerlo inhabitable. Por mi viaje ha quedado comprobado que aquella opinión es errónea y contraria a la verdad, puesto que al sur del ecuador descubrí un continente, algunos de cuyos valles están más poblados de hombres y de animales que nuestra Europa, Asia y África, y que, además, tiene clima más agradable y más templado que los demás continentes conocidos.»

Estas palabras, pocas pero decisivas, hacen del *Novus Mundus* un documento memorable de la Humanidad; constituyen la primera proclamación de la independencia de América, formulada doscientos setenta años antes que la otra. Colón, que hasta la hora de su muerte vive en la ilusión de haber llegado a las Indias al poner el pie en Guanahaní y en Cuba, hace, mirándolo bien, que el cosmos se presente más estrecho a sus contemporáneos, a causa de esa creencia suya. Vespucio, que invalida la hipótesis de que el nuevo continente sea las Indias, afirmando categóricamente que se trata de un nuevo mundo, es el que introduce el concepto nuevo y válido hasta nuestros días. Hace conocer el error que impidió al gran descubridor justipreciar su propia proeza, y aunque él mismo no tiene la menor idea de las dimensiones que tendrá aquel continente, conoce al menos su parte meridional. En este sentido, Vespucio remata el descubrimiento de América, puesto que cada descubrimiento, cada invento llega a tener valor no sólo por quien lo hace, sino por quien reconoce su sentido, su eficacia; si Colón tiene el mérito de la acción, le corresponde a Vespucio, por esas palabras suyas, el mérito histórico de haberla interpretado. Vespucio, cual intérprete de sueños, tornó visible lo que su precursor había descubierto como en estado de sonambulismo.

Grande y alegre es la sorpresa que causa el anuncio de Vespucio, el desconocido; ejerce una profunda influencia en el sentir general de la época, más profunda y más intensa que el descubrimiento del genovés. Que se hubiera abierto un nuevo camino a las Indias; que se pudiera llegar también por mar, desde España, a las tierras descritas hacía mucho por Marco Polo, preocupaba, como asunto comercial, sólo a un pequeño número de gente directamente interesada en el descubrimiento: a los comerciantes, a los mercaderes de Amberes, de Augsburgo y de Venecia, que no tardaban en calcular por cuál de los dos caminos —el de Vasco de Gama, por Oriente, o el de Colón por Occidente— les resultaría más barato el transporte de las especias, la pimienta y la canela. Mas la noticia de ese Alberico, de que se había descubierto una nueva parte del mundo en medio del océano, obró con fuerza irresistible sobre la fantasía de las masas. ¿Habría descubierto la fabulosa isla Atlántida, la de los antiguos? ¿O serían las islas Afortunadas, las alcióneas? El sentimiento que la época tiene de su propia dignidad se fortalece de un modo maravilloso por la sensación de que la tierra tiene mayores dimensiones y entraña más sorpresas de las que sospecharon los hombres más sabios de la Antigüedad, y que a esta generación le está reservado el revelar los últimos misterios del globo terráqueo. Y se comprende la impaciencia con que los sabios, geógrafos, cosmógrafos, impresores y, detrás de ellos, la muchedumbre de lectores, esperan que ese Albericus cumpla su promesa de relatar más detalles de sus exploraciones y sus viajes, que dan al mundo y a la Humanidad las primeras nociones de las dimensiones del globo terráqueo.

Los impacientes no han de esperar mucho. Dos o tres años más tarde, un impresor florentino, que tiene motivos —veremos más adelante cuáles son— para callar su nombre, edita un folleto de 16 hojas, escrito en italiano y titulado *Lettera di Amerigo Vespucci delle isole nuovamente trovate in quattro suoi viaggi.*

Al final de este opúsculo hallamos estampada la fecha: «*Data in Lisbona a di 4 septembre 1504. Servitore Amerigo Vespucci in Lisbona.*»

El solo título dice, finalmente, al mundo quién es

aquel hombre misterioso. Se llega a saber, en primer lugar, que se llama Américo Vespucio, y no Albericus Vesputius. En el prólogo, dirigido a un ilustre señor, están consignados más datos de su vida. Vespucio dice que nació en Florencia, y que más tarde vino en calidad de comerciante a España *(per tractare mercantie)*. Cuatro años ejerció esta profesión y durante ellos experimentó la inestabilidad de la fortuna, «que distribuye caprichosamente sus bienes perecederos e inconstantes, encumbrando hoy al hombre para derrocarle mañana y privarle de los bienes, diríamos, prestados». Habiendo observado al mismo tiempo los riesgos y los inconvenientes que hay que correr tras los bienes de fortuna, se determinó a abandonar el comercio, y se propuso un fin más sublime y más honroso: el de ver parte del mundo y sus maravillas *(mi disposi d'andare a vedere parte del mondo e le sue maraviglie)*. Ofreciósele una ocasión: el rey de Castilla, que acababa de aparejar cuatro naves para descubrir nuevas tierras en Occidente, le permitió que formase parte de la expedición para ayudar a descubrir *(per aiutare a discoprire)*. Mas Vespucio relata no solamente este primer viaje, sino también otros tres (entre ellos el que ha referido ya en *Novus Mundus*), que —la cronología es importante— son:

El primero, del 10 de mayo de 1497 al 15 de octubre de 1498, en barco de bandera española.

El segundo, del 16 de mayo de 1499 al 8 de septiembre de 1500, también al servicio del rey de Castilla.

El tercero *(Novus Mundus)*, del 10 de mayo de 1501 al 15 de octubre de 1502, en nave de bandera portuguesa.

Y el cuarto, del 10 de mayo de 1503 al 18 de junio de 1504, igualmente al servicio del rey de Portugal.

Con estos cuatro viajes, el comerciante desconocido ha llegado a figurar entre los grandes navegantes y descubridores de su época.

En la primera edición de la *Lettera*, esa relación de los cuatro viajes, no se indica el nombre de aquel a quien va dirigida; sólo en las posteriores se dice que iba dirigida al gobernador de Florencia, el confaloniero Pedro Soderini, pero esto —y pronto encontramos algún punto oscuro en la producción literaria de Vespucio— todavía no ha sido comprobado por ningún documento auténtico. Con excepción de unas expresiones floridas de obsequio y urbanidad puestas a modo de encabezamiento, la forma de la relación es tan fluida, tan amena y tan variada como la de *Novus Mundus*. Vespucio no solamente aporta nuevos detalles de la «vida epicúrea» de aquellos pueblos desconocidos, sino que relata también luchas, naufragios y encuentros dramáticos con caníbales y con anacondas; muchos animales y objetos (como, por ejemplo, el *hammock*, hamaca) pasan por mediación de él a la historia de la civilización. Los geógrafos, astrónomos y comerciantes encuentran informaciones valiosas; los sabios, unas tesis sobre las cuales pueden discutir y explayarse; y el gran público de curiosos, una lectura que los deja satisfechos. Vespucio concluye anunciando una vez más su obra extensa, propiamente dicha, sobre aquellos nuevos mundos, la que concluirá en su ciudad natal, una vez que le sea permitido retirarse a la vida privada.

Mas la obra no fue escrita, o no ha llegado hasta nosotros, así como tampoco se han conservado los Diarios de Vespucio. Treinta y dos páginas (de las cuales el tercer viaje no es más que una variante de *Novus Mundus*) son toda la producción literaria de Américo Vespucio, equipaje menudo y de poco peso para el camino de la inmortalidad. No es, pues, exagerado afirmar que ningún escritor ha adquirido nunca celebridad por una obra de tan corta extensión; casualidad sobre casualidad y error tras error hubieron de acumularse para colocarla a tanta altura sobre su época, que aún la nuestra ha de recordar aquel nombre, que con la bandera estrellada se eleva a las estrellas.

La primera casualidad y a la vez el primer error pronto ayudan a esas treinta y dos páginas, insignificantes en un más alto sentido. Un impresor italiano inteligente tuvo ya en 1504 el *flair* de que la situación era favorable para publicar colecciones de relatos de viajes. El veneciano Albertino Vercellese es el primero que reúne en un folleto todas las relaciones de viajes que le llegan a las manos. Este *Libretto di tutta la navigazione de Re de Spagna e terreni novamente trovati*, que contiene las rerelaciones de los viajes de Cadamosto, Vasco de Gama y de la primera expedición de Colón, halla tantos compradores que en 1507 un impresor de Vicenza se resuelve a editar, bajo la dirección de Zorzi y Montalbodo, una antología más voluminosa (126 páginas), que contiene las expediciones portuguesas de Cadamosto, Vasco de Gama y Cabral, los tres primeros viajes de Colón y *Novus Mundus*, por Vespucio. Quiere la fatalidad que no se le ocurra otro título que éste: *Mondo novo e paesi nuovamente retrovati da Alberico Vesputio fiorentino*. Con ello comienza la gran comedia de confusiones. Porque ese título es peligrosamente ambiguo. Induce fácilmente a creer que Vespucio no solamente puso el nombre de Nuevo Mundo a aquellos nuevos países, sino que también descubrió este nuevo mundo; el que echa una ojeada a esa portada es inducido a error inevitablemente. Y este libro, reimpreso muchas veces, pasa por millares de manos y divulga con peligrosa rapidez la falsa noticia de que Vespucio descubrió aquellos nuevos mundos. La mera casualidad quiere que un impresor de Vicenza ponga, sin sospechar nada, en la portada de su antología el nombre de Vespucio y no el de Colón, dando a Vespucio, que tampoco sospecha nada, fama que no sabe haber adquirido, haciéndole pasar, sin quererlo ni saberlo él, por usurpador de méritos ajenos.

Huelga decir que esta equivocación sola no bastaba para traer consecuencias trascendentales que siguen obrando a través de los milenios. Pero no es más que el primer acto, o, mejor dicho, el prólogo de la comedia de confusiones. El azar habrá de encadenarse solícitamente al acaso antes de que aparezca el fin de la sarta de engaños. Y, cosa extraña, justamente cuando Vespucio acaba la obra literaria de toda su vida con la publicación de sus pobres treinta y dos páginas, empieza su exaltación a la inmortalidad, tal vez la más grotesca de la historia de la gloria. Y empieza en otra parte del mundo, en un lugar que Vespucio no visitó nunca y cuya existencia ignoraba, probablemente, el comerciante navegador de Sevilla: en la pequeña ciudad de Saint-Dié.

IV

UN MUNDO RECIBE SU NOMBRE

No ha de reprocharse de falta de conocimientos geográficos quien ignore el nombre de la pequeña ciudad de Saint-Dié; los eruditos mismos tardaron más de dos siglos en averiguar dónde estaba situado aquel *Sancti Deodati oppidum,* que hubo de contribuir de modo tan decisivo a que el Nuevo Mundo recibiera el nombre de América. Abrigado a la sombra de los Vosgos, en el olvidado ducado de Lorena, ese pueblo no tiene mérito que atraiga la curiosidad del mundo. El soberano reinante, Renato II, lleva —lo mismo que su ilustre abuelo *le bon roi René*— los títulos de rey de Jerusalén y de Sicilia y de conde de Provenza, pero en realidad no es más que duque de ese pequeño país de Lorena, que gobierna con equidad y con mucha afición a las artes y a las ciencias. Por una extraña casualidad —la Historia se complace en el juego de las analogías de poca importancia— había visto la luz en la pequeña ciudad un libro que ejerció influencia en el descubrimiento de América. Fue en ella donde el obispo D'Ailly compuso la obra titulada *Imago Mundi,* que, junto con la carta de Toscanelli, determinó a Colón a buscar el camino de las Indias por Occidente; hasta su muerte, el almirante llevaba consigo en todos sus viajes aquel libro, que le servía de guía, y el ejemplar que usaba, y que se ha conservado, contiene numerosas notas de su propio puño y letra. No se puede, pues, negar cierta relación precolombina entre América

Grabado en madera de finales del siglo XV representando
la nueva ciudad de «La Navidad»

y Saint-Dié. Mas sólo en el reinado de Renato II se produce allí el extraño incidente —o equivocación— a que América debe su nombre para siempre. Bajo los auspicios de Renato II, y probablemente también con su ayuda material, unos humanistas fundan en el pequeño pueblo de Saint-Dié una especie de colegio, llamado *Gymnasium Vosgianum*, que tiene por finalidad enseñar las ciencias o vulgarizarlas por medio de la impresión de libros valiosos. En esta academia en miniatura se reúnen legos y eclesiásticos para cooperar en la obra cultural; pero es poco probable que jamás se hubieran tenido noticias de sus discusiones eruditas si un impresor llamado Gauthier Lud no se hubiera resuelto a instalar allí —hacia 1507— una prensa para imprimir libros. Considerándolo bien, Gauthier Lud no elige mal el lugar, puesto que en la pequeña academia encuentra a hombres capaces para editar, traducir, corregir e ilustrar las obras, y además la ciudad no dista mucho de Estrasburgo, con su Universidad y sus buenos ayudantes; y como el generoso duque patrocina la empresa y presta su ayuda, puede uno atreverse a editar aun una magna obra en esa ciudad apacible, apartada del tráfico del mundo.

¿De qué índole sería esta obra? La curiosidad de la época se concentra sobre la geografía desde que, año tras año, los descubrimientos amplían el conocimiento del mundo. No había hasta entonces más que una sola obra clásica de geografía, la *Cosmografía* de Tolomeo, que desde hacía siglos los eruditos europeos consideraban como insuperable y completa, con sus publicaciones y sus mapas. Una traducción latina, publicada en 1475, la había puesto al alcance de toda persona culta y hecho imprescindible como código universal de conocimientos del cosmos: lo que Tolomeo afirmaba o lo que exponía

65

en sus mapas se daba por probado en virtud de la sola autoridad de su nombre. Pero precisamente en esos veinticinco años los conocimientos del cosmos se habían ampliado más que antes en siglos enteros, y repetidamente unos navegantes y aventureros audaces habían desmentido y aventajado al sabio que durante mil años tenía más conocimientos que todos los cosmógrafos y geógrafos posteriores. Quienquiera que entonces tuviera la intención de reeditar la *Cosmografía* habría de corregirla y aumentarla: habría de hacer figurar en los mapas antiguos las costas e islas recién descubiertas en Occidente. La experiencia había de rectificar la tradición, ciertas correcciones humildes habían de confirmar el respeto por la obra clásica de Tolomeo a fin de que éste siguiera siendo considerado como el sabio de los sabios, y su obra indiscutible. Es ésta tarea de mucha responsabilidad, pero también de perspectivas halagüeñas muy a propósito para un grupo de personas dispuestas a trabajar conjuntamente.

Gauthier Lud, que no es sólo impresor, sino también, en su calidad de secretario del duque y de capellán, persona culta y acomodada, examina el pequeño grupo; ha de confesar que no habría podido encontrar mejor constelación. Para el dibujo y el grabado de mapas se ofrece un excelente matemático y geógrafo, el joven Martín Waldseemüller, que, según el uso de la época, latinizará su nombre en las obras de erudición adoptando el de «Ilacomus». De veintisiete años, y estudiante de la Universidad de Brisgovia, une el vigor y la audacia de la juventud a profundos conocimientos y a un gran talento gráfico, que por muchas décadas asegurará a sus mapas el primer lugar en la historia de la cartografía. Agrégase a ellos un joven poeta, Matías Ringmann, que se llamará «Philesius», capaz de prologar una obra con epístola poética y de pulir con elegancia los textos latinos. Y no falta tampoco el traductor adecuado; lo encuentran en la persona de Juan Basin, que, como buen humanista, sabe no sólo las lenguas antiguas, sino también las modernas. Contando con este gremio de hombres eruditos, se puede acometer sin vacilación la tarea de revisar la célebre obra. Mas ¿dónde encontrar los datos en que ha de basarse la descripción de las zonas recién descubiertas? ¿No fue ese Vespucio quien primero señaló el hecho del «nuevo mundo»? Parece que Matías Ringmann, que ya en 1505 había publicado, en Estrasburgo, el *Novus Mundus* con el título de *De Ora Antarctica*, fue quien recomendó incluir en la obra de Tolomeo, como suplemento natural, la traducción de la *Lettera* italiana, que a la sazón aún era desconocida en Alemania.

Era en sí una iniciativa honrosa y digna de aplauso; pero la vanidad de los editores juega una mala pasada a Vespucio, y así se va disponiendo la intriga, se va atando el segundo de los nudos que servirán a la posteridad para tenderle un lazo al que no sabe nada de eso. En lugar de decir la verdad: que no hacen más que traducir la *Lettera*, las relaciones que Vespucio escribió de sus cuatro viajes, del italiano al latín, tal como se publicó en Florencia, los humanistas de Saint-Dié inventan una historia novelesca, ya para dar importancia a su publicación, ya para tributar, ante todo el mundo, homenaje especial a su mecenas, el duque Renato. Hacen creer al público que Américo Vespucio, descubridor de los nuevos mundos, celebérimo geógrafo, amigo íntimo y admirador del duque, le había enviado a éste la *Lettera* directamente, a Lorena, y que entonces se publicaba por primera vez. ¿Qué homenaje más grandioso hubieran podido rendir a su soberano? El más grande sabio de la época, el hombre preclaro, envía la relación de sus viajes sólo al rey de España ¡y a este régulo! Con el propósito de sostener esta ficción piadosa, arreglan la dedicatoria dirigida a la *Magnificenza* italiana de modo que vaya dirigida al *ilustrissimus rex Renatus*; y para borrar todo rasgo revelador de que no se trata más que de la traducción de un original italiano publicado tiempo ha, dicen en una nota que Vespucio había enviado la obra escrita en lengua francesa y que la tradujo el *insigne poeta Joannes Basinus* (Juan Basin), *ex gallico*, del francés, en un latín elegante *(quo pollet elegantia latine interpretavit)*. Un examen hecho a fondo patentiza esta impostura dictada por la ambición, puesto que el *insignis* poeta ha trabajado con demasiado descuido, sin haber podido encubrir todos los pasajes que dejan entrever el origen italiano. Deja a Vespucio que cuente al rey Renato de Lorena cosas que tal vez hubieran interesado al de Médicis o a Soderini, como, por ejemplo, que los dos estudiaron juntos en Florencia con su tío Antonio Vespucio. O le hace hablar de Dante como *poeta nostro*, lo cual, desde luego, sólo era explicable al dirigirse un italiano a otro. Pero pasarán siglos hasta que se descubra esta superchería, que no ha de imputarse a Vespucio, como no ha de imputársele tampoco todo lo demás. Y en centenares de obras (aun en nuestros días) se sostiene la opinión de que esas relaciones de los cuatro viajes fueron dirigidas al duque de Lorena; toda la gloria y toda la ignominia de Vespucio se levantan sobre el fundamento de aquel libro impreso, sin saberlo él, en un rincón de los Vosgos.

Mas todo eso son tramos y procederes comerciales que los coetáneos ignoran. Los libreros, eruditos, príncipes y comerciantes sólo ven aparecer, el 25 de abril de 1507, un libro de 52 hojas titulado:

COSMOGRAPHIÆ INTRODUCTIO. Cum quibusdam geometriæ ac astronomiæ principiis ad eam rem necessariis. Insuper quatur Americi Vespucii navigationes. Universalis cosmographiæ descriptio tam in solido quam plano eis etiam insertis quae in Ptholomæo ignota a nuperis reperta sunt. (Introducción a la Cosmografía, con los principios de Geometría y de Astronomía necesarios para ella. Además, los cuatro viajes de Américo Vespucio, así como una descripción (mapa) del cosmos, tanto en forma plana como en la de globo, de todas las partes ignoradas por Tolomeo y que han sido descubiertas hace poco tiempo.)

Después de abrir el pequeño volumen, se ha de soportar primero el chubasco de la vanidad poética de los editores, animados por el deseo de ostentar sus talentos poéticos; una poesía en latín, de corta extensión, dedicada al emperador Maximiliano, y cuyo autor es Matías Ringmann, y un prólogo de Waldseemüller-Ilacomus, dirigida al emperador, a cuyos pies pone la obra; sólo después de satisfecha la vanidad de los dos humanistas empieza el texto erudito de Tolomeo, que va seguido, después de breve advertencia, de los cuatro viajes de Vespucio.

Con esta publicación, hecha en Saint-Dié, el nombre de Américo Vespucio es exaltado en gran manera, aunque todavía no llega al pináculo de la gloria. En la antología italiana *Paesi nuovamente ritrovati,* su nombre figuraba aún ambiguamente en la portada como el del descubridor del «nuevo mundo», y en el texto se daba a sus

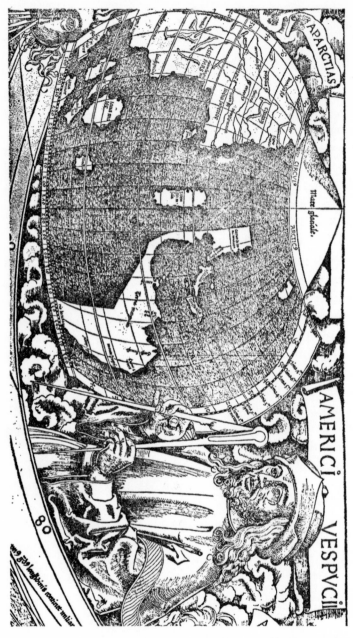

Fragmento del famoso mapa de Martín de Waldeseemüller,
de 1507, que rinde homenaje a Vespucio

viajes igual importancia que a los de Colón y otros navegantes. En *Cosmographiœ introductio* no se menciona ya, ignorancia de los humanistas de los Vosgos, pero que resulta ser otra casualidad fatal. Porque, de esta suerte, toda la gloria, todo el mérito del descubrimiento se concentra, clara o intensamente, en Vespucio, y sólo en Vespucio. En el segundo capítulo, en la descripción del mundo conocido por Tolomeo, se dice que, si bien las dimensiones de aquél fueron extendidas por otros, sólo ahora han sido dadas a conocer de hecho a la humanidad por Américo Vespucio (*nuper vero ab Americo Vespucio latius illustratam*). En el quinto capítulo se le reconoce expresamente como descubridor de las nuevas tierras, *et maxima pars Terrœ semper incognitœ nuper ab Americo Vespucio repertœ*. Y de repente, en el séptimo capítulo, surge por primera vez la propuesta que habrá de ser terminante para los siglos. Al referirse a la cuarta parte del mundo, *quarta orbis pars*, Waldseemüller añade, a modo de insinuación personal, *quiam quia Americus invenit Amerigem quasi Americi terram, sive American nuncupare licet*, que porque la descubrió Américo, podríamos llamar en adelante tierra de Américo o América.

Estas tres líneas son de hecho la fe de bautismo de América. En aquella página en cuarto, el nombre consta por primera vez impreso en tipos fundidos y reproducidos por medio de la imprenta. Si el 12 de octubre de 1492, día en que Colón divisa desde la cubierta de la *Santa María* el brillo de la costa de Guanahaní, es considerado con razón como el día del nacimiento del nuevo continente, el 25 de abril de 1507, día en que *Cosmographiœ introductio* sale de prensas, ha de ser designado como día de su bautismo. No es más que una propuesta la que hace el humanista todavía desconocido, a la edad de veintisiete años, allá en la pequeña ciudad apartada; pero su propia iniciativa le entusiasma tanto que la repite con más insistencia. Waldseemüller dedica a su explicación un aparte entero del noveno capítulo. «En la actualidad, esas partes del mundo (Europa, África y Asia) están exploradas por completo, y una cuarta parte fue descubierta por Américo Vespucio. Y puesto que tanto Europa como Asia han recibido nombre de mujeres, no veo qué se puede objetar a que la nueva tierra lleve el nombre del hombre ingenioso que la descubrió, aplicándosele, por consiguiente, el de Amerige, tierra de Américo o América.» O con sus propias palabras latinas:

«Nunc vero et hæ partes sunt latius lustratæ et alia quarta pars per Americum Vesputium (ut in sequentibus audietur) inventa est, quam non video cur quis iure vetet ab Americo inventore sagacia ingenii viro Amerigem quasi Americi terram sive Americam dicendam; cum et Europa et Asia a mulieribus sua sortita sunt nomina.»

Al mismo tiempo, Waldseemüller hace imprimir la palabra «América» al margen del aparte y la pone, además, en el mapa que va adjunto a la obra. Sin sospechar nada de esto, Américo Vespucio, el mortal, tiene, a partir de aquella hora, la cabeza rodeada de la aureola de la inmortalidad; a partir de aquella hora, América se llama América, y así se llamará por los siglos de los siglos.

«¡Qué absurdo!», exclamará, tal vez con indignación, un lector exaltado. «Ese geógrafo de provincia, que tiene veintisiete abriles, ¿cómo puede atreverse a atribuir la gloria de que todo el continente lleve su nombre a un hombre que no fue el descubridor de América y que escribió unas relaciones de carácter bastante sospechoso, llenando en total treinta y dos páginas?» Mas ésta es una indignación anacrónica, concebida, no en consideración de la situación histórica, sino desde un punto de vista particular. Al pronunciar la palabra «América», los contemporáneos incurrimos instintivamente en el error de pensar automáticamente en el enorme continente que se extiende desde Alaska hasta la Patagonia. En 1507, ni el bueno de Waldseemüller ni ningún otro mortal tenía la menor idea de las dimensiones del *Novus Mundus* recién descubierto, y una ojeada a los mapas de principios del siglo XVI nos ilustra acerca del concepto que tenía del *Novus Mundus* la cartografía de la época. En medio de la oscura sopa que es el océano sobrenadan unos pedazos informes de tierra, mordisqueados sólo en los bordes por la curiosidad de los descubrimientos. La diminuta porción de Norteamérica adonde llegaron Cabot y Corterreal queda todavía pegada al Asia, de modo que, según los conceptos de aquel entonces, era viaje de pocas horas el de Boston a Pekín; la Florida se presenta como isla grande, situada cerca de Cuba y de Haití; y donde se encuentra el istmo de Panamá, que une la América del Norte y la del Sur, levanta todavía sus olas un inmenso mar. Más al Sur vemos trazada la nueva tierra desconocida (el actual Brasil), en forma semejante a la de Australia, isla grande y redonda; está designada en los mapas con el nombre de Terra Sancta Crucis, o el de Mundus Novus, o el de Tierra dos Papagaios, nombres nada fáciles, poco prácticos para una nueva tierra. Y como Vespucio es el primero que no descubrió —Waldseemüller no sabe esto—, pero sí describió aquellas costas y las dio a conocer a los europeos, Waldseemüller sólo se ajusta al uso general al proponer el nombre de Amé rico. Las islas Bermudas llevan el nombre de Juan Bermúdez; Tasmania, el de Tasman; la isla de Fernando Poo, el de su descubridor; ¿por qué no ha de llevar la nueva tierra el nombre de su primer divulgador? Es un rasgo amable de reconocimiento que un erudito tributa al hombre que sostuvo el primero —y éste es el mérito histórico de Vespucio —la tesis de que la tierra recién descubierta no formaba parte de Asia, sino que era *quarta pars mundi,* una nueva parte del mundo. El bueno de Waldseemüller no sospecha ni remotamente que, con esta asignación hecha de buena fe, va a atribuir a Vespucio no solamente la supuesta isla de Terra Sancta Crucis, sino todo el continente, desde Labrador hasta la Patagonia, escamoteando así la propiedad a Colón, verdadero descubridor del continente. ¡Cómo ha de sospecharlo si Colón mismo no lo sabe, sino que, impetuoso e irritado, jura que Cuba es la China, y Haití el Japón! Esta denominación de América es un nuevo hilo de error que se enreda en el ovillo bastante enredado, y todo el que con la mejor intención ha abordado el «problema Vespucio» ha entrelazado un nuevo nudo y hecho todavía más difícil la solución.

Débese, pues, en rigor, a una equivocación el que América se llamase América, y se debe, además, a una doble casualidad. Porque si el *insignis poeta* Juan Basin hubiera tenido la idea de traducir, como lo hicieron los demás, el nombre de Américo por Albericus y no por Américus, Nueva York y Washington serían ciudades de «Alberica» y no de América. Mas el nombre está compuesto por primera vez de tipos fundidos: las siete letras forman la palabra que pasa de libro en libro, de boca en boca, incontenible, inolvidable. Existe, subsiste la palabra nueva, y no sólo gracias a la propuesta casual de Waldseemüller, ni por la lógica o la falta de lógica, ni por fas o por nefas, sino por su inmanente potencia fonética: ¡América! Comienza con la vocal más sonora de nuestra habla y termina en ella, entremezclada armoniosamente a las demás. Es palabra a propósito para la exclamación entusiasta, clara para retener en la memoria; palabra enjundiosa, henchida, varonil y que cuadra a un país joven, a un pueblo fuerte, de altas miras; el pequeño geógrafo creó inconscientemente, con su desacierto histórico, algo muy significativo al designar al mundo que surgía de entre las tinieblas con esta palabra hermana de Asia, África y Europa.

Es palabra conquistadora. Es palabra potente, cuyo empuje elimina todas las demás denominaciones... A los pocos años de la aparición de la *Cosmographiæ introductio* quedan borrados de libros y de mapas los nombres de Terra dos Papagaios, Isla de Santa Cruz, Brazzil e Indias Occidentales. Palabra conquistadora, que se va extendiendo de año en año, incorporándose mil veces, centenares de miles de veces más de lo que imaginara el bueno de Martín Waldseemüller. En 1507, se entiende por América la costa del norte del Brasil, y el Sur, incluso la Argentina, se llama todavía *Brasilia Inferior*. Si (en el sentido de Waldseemüller) sólo la costa que Vespucio describió el primero, y aun todo el Brasil, hubiera recibido el nombre de América, nadie le imputaría un error. Mas, al cabo de pocos años, el nombre de América se aplica ya a toda la costa del Brasil, a la Argentina y a Chile, regiones que el florentino mismo nunca visitó. Todo cuanto se descubre al sur de la línea ecuatorial, ya hacia la derecha, ya hacia la izquierda, bien hacia arriba,

75

bien hacia abajo, se convierte en tierra de Vespucio. Finalmente, unos quince años después de la aparición del libro de Waldseemüller, el nombre de América se aplica ya a toda la América del Sur. Todos los grandes cartógrafos —Simón Gryneus, en su *Orbis Novus*, y Sebastián Münster, en sus planisferios terrestres— capitulan ante la voluntad del profesor de Saint-Dié. Pero todavía el triunfo no es completo. Todavía no se ha llegado al fin de la grandiosa comedia de confusiones. En los mapas, la América del Norte figura todavía separada de la del Sur, como mundo aparte, ya formando parte del Asia —debido a la ignorancia de la época—, ya separada del continente de Américo por un istmo imaginario. Pero la ciencia acaba por hacerse cargo de que aquel continente es una unidad, desde el Ártico hasta el Antártico, y que le corresponde un solo nombre que designe el conjunto. Y levántase poderosa la palabra soberbia e invencible, producto híbrido del error y la verdad, y se apodera del botín inmortal. Ya en 1515, el geógrafo nuremburgués Juan Schöner proclama en un escrito que acompaña a su globo, *America sive Amerigem novus mundus et quarta orbis pars*, cuarta de las partes del mundo. Y en 1538, Mercátor, el rey de los cartógrafos, dibuja, en nuestro sentido, en su mapamundi, el continente entero como unidad y pone el nombre de América en ambas partes, correspondiendo «Amé» a la del Norte, y «rica» a la del Sur. Y a partir de entonces, no hay palabra que valga más que ésta. En treinta años conquistó Vespucio la parte cuarta del mundo para sí y para su gloria póstuma.

Aquel bautismo, a espaldas y sin consentimiento del padre, es un episodio que no tiene ejemplo en la historia de la gloria humana. Dos palabras, *Novus Mundus,* dan celebridad a un hombre; tres líneas de un geógrafo nada famoso le hacen inmortal; acaso la casualidad y la equivocación nunca hayan logrado componer semejante comedia atrevida. Mas la Historia, grandiosa en la tragedia cuanto imaginativa en sus comedias, se ingenia para esta comedia de confusiones un remate particularmente sutil. Apenas el público se entera de la insinuación de Waldseemüller, ya la acepta con entusiasmo. Las ediciones se siguen rápidamente; en todas las obras de geografía que se van publicando se adopta el nombre de América, derivado del de su «inventor» Américo Vespucio, y son, en primer lugar, los cartógrafos los que lo registran solícitamente. El nombre de América figura en todas partes, en todos los globos, láminas en acero, libros y cartas, menos en un solo mapa publicado en 1513, seis años después del primero —el de Waldseemüller— en que se hallaba escrito el nombre de América. ¿Quién es el geógrafo rebelde que se opone indignado al nuevo nombre? No es otro, ¡cosa grotesca!, sino el que inventó ese nombre: el mismo Waldseemüller. ¿Tendría horror, como el aprendiz de brujo de la célebre poesía de Gœthe, quien, al pronunciar una palabra, transforma a la delgada escoba en ser que echa a correr con furia, sin acertar luego con la palabra que detenga al espíritu evocado? O, advertido por alguien —tal vez por Vespucio mismo—, ¿se daría cuenta de haber sido injusto con Colón al atribuir la proeza de éste al que reconoció el verdadero valor de ella? No lo sabemos. Ni nunca se llegará a saber por qué precisamente Waldseemüller quiso quitar al nuevo continente el nombre de América, que él mismo había inventado. Pero ya era tarde para la corrección. Raras veces la realidad da alcance a la leyenda. Una palabra, una vez proclamada a la faz del orbe, extrae fuerzas de este mundo y existe libre e independiente del que la dio a luz. Es inútil que el individuo que por primera vez pronunció la palabra «América» calle y suprima esta palabra por un sentimiento de vergüenza...; ella vibra ya por las alturas, salta de caracteres en caracteres, de libro en libro, de boca en boca, vuela por los espacios y por las épocas incontrastable e inmortal, porque es al mismo tiempo realidad e idea.

V

COMIENZA LA GRAN DISPUTA

Año 1512. Un féretro, acompañado de poca gente, es llevado de una de las iglesias de Sevilla al cementerio. No son funerales ostentosos, pomposos; no son las exequias de un hombre rico ni las de un noble. Llevan a enterrar a un funcionario del rey, al piloto mayor de la Casa de Contratación, un tal Despuchy o Vespuche. No hay en la ciudad extraña quien sospeche que el difunto es el mismo cuyo nombre habrá de llevar la cuarta parte del mundo: ni los historiógrafos ni los cronistas registran aquella muerte insignificante; aún treinta años más tarde se leerá en las obras de historia que Américo Vespucio murió en 1534, en las Azores. La muerte del padrino de América pasa inadvertida; tiene la misma intimidad que la del Adelantado y Almirante de las Indias, Cristóbal Colón, que fue llevado a su última morada en 1506, en Valladolid, sin que le acompañase ni rey ni duque alguno y cuya pérdida tampoco pareció a ningún cronista contemporáneo hecho digno de ser transmitido a la posteridad.

Dos silenciosas tumbas, una en Sevilla y otra en Valladolid. Dos hombres que muchas veces se encontraron en vida, que no evitaron el encuentro, porque no se odiaban el uno al otro. Dos hombres animados por el mismo espíritu de curiosidad creadora, y que se ayudaron el uno al otro en sus caminos, con rectitud y con cordialidad. Mas sobre sus tumbas se suscita una disputa de las más enconadas. Sin que ninguno de los dos lo sospechara, la gloria de uno contenderá con la del otro; la equivocación, la falta de comprensión, el afán de investigar y de ergotizar siempre volverán a suscitar entre los dos grandes navegantes una rivalidad que no existió en su vida. Pero ellos mismos percibirán de las querellas y del escándalo tan poco como del viento que con palabra ininteligible sopla por encima de sus tumbas.

En esa lucha grotesca de una gloria contra otra, sucumbe al principio Colón. Murió vencido, humillado y medio olvidado. Hombre de una sola idea y de un solo hecho, tuvo su momento inmortal en la hora en que esa idea se convirtió en hecho material, en la hora en que la *Santa María* tocó en Guanahaní y quedó atravesado por primera vez el océano Atlántico, hasta entonces infranqueable. Hasta aquella hora, el mundo había tenido al gran genovés por necio, por iluso, por soñador confuso y ajeno a la realidad; a partir de aquella hora vuelve a tenerle por tal. Porque él no puede librarse de la ilusión que le impulsó. Cuando por primera vez da parte de haber «puesto el pie en los reinos más ricos del mundo»; cuando promete oro, perlas y especias de las Indias, adonde dice haber llegado, se presta todavía fe a sus palabras. Organízase una flota poderosa; mil quinientos hombres se disputan el honor de poder formar parte de la expedición que va a El Dorado y a Ofir, países que según sus afirmaciones ha visto con sus propios ojos; la reina le entrega, envueltas en seda, cartas para el Gran Kan, que reside en Quinsay; pero luego regresa de ese largo viaje, y todo lo que trae son unos centenares de esclavos medio muertos de hambre, que la piadosa reina se niega a vender. Unos centenares de esclavos y la vieja ilusión de haber llegado a la China y al Japón. Y esta ilusión se hace cada vez más confusa, más fantástica, a medida que menos se justifica. En Cuba convoca a su gente y, so pena de cien azotes, les hace jurar ante un escribano que Cuba no es isla, sino tierra china. Ya que no les queda otro remedio, los marineros firman sin tomar en serio al necio, y uno de ellos, Juan de la Cosa, no haciendo caso del juramento a que se le obligó, dibuja a Cuba en forma de isla en su mapa. Pero Colón, imperturbable, envía a la reina otra relación, en que dice que «sólo un canal le separa todavía del Quersoneso de Oro de Tolomeo» (la península de Malaca), y que «Panamá no dista del Ganges más que Pisa de Génova». La Corte recibe al principio con una sonrisa estas promesas fantásticas; mas poco a poco el asunto se torna enojoso. Las expediciones cuestan una cantidad enorme de dinero, y ¿qué es lo que traen?: esclavos famélicos y extenuados en lugar del oro prometido, y el gálico en vez de especias. Las islas que la Corona ha confiado a su gobierno se convierten en mataderos horrorosos y campos terriblemente cubiertos de cadáveres. En Haití solamente, mueren en diez años un millón de indígenas; los inmigrados empobrecen y se rebelan; terribles noticias de crueldades inhumanas llegan con cada carta y con cada uno de los colonizadores que regresan desengañados de aquel «paraíso terrenal» a la patria. En España pronto se cae en la cuenta de que aquel iluso sabe soñar, pero no gobernar; el nuevo gobernador, Bobadilla, divisa desde su nave, en primer término, horcas de las cuales penden, movidos por el viento, cadáveres de sus compatriotas. Es preciso repatriar a los tres hermanos, que vuelven esposados a España, mas, aun cuando se le devuelve a Colón la libertad, y se le reintegra en todos sus derechos y títulos, su nimbo, sin embargo, ha desaparecido por completo. Al regresar de un viaje, su barco ya no es acogido con expectación. A todas sus solicitudes de ser recibido en la Corte se contesta con evasivas, y el hombre viejo, el descubridor de América, ha de suplicar que se le permita hacer el viaje en mula. Todavía hace promesas y ofrece cosas cada vez más fantásticas. Promete a la reina que descubrirá «el Paraíso» en su próximo viaje, y al Papa que «libertará a Jerusalén» en una cruzada por el nuevo camino, que es más corto. En su *Libro de Profecías* anuncia al perverso género humano que el fin del mundo sobrevendrá al cabo de ciento cincuenta años. Día llega en que nadie presta ya oídos al *fallador* ni a sus «imaginaciones con las islas de Cipango». Los comerciantes, que han perdido dinero por culpa de él; los eruditos, que desechan sus errores geográficos; los colonizadores, que se sienten engañados con los montes de oro, y los funcionarios, que le envidian su elevada posición, empiezan a formar un frente unido contra el «Almirante de la tierra de los mosquitos»; el hombre viejo, al que van arrinconando, confiesa arrepentido: «Yo afirmé que había visitado los reinos más ricos. Dije que había allí oro, perlas, piedras preciosas y especias, y como todo eso no apareciera al instante, caí en ignominia.» Hacia 1500, Cristóbal Colón es para España un hombre fracasado, y casi un desconocido cuando muere en 1506.

Aún en las décadas sucesivas permanece casi sepultado en el olvido; es una época que corre con ritmo acelerado. Todos los años se anuncian nuevas proezas, nuevos descubrimientos, nuevos hombres y nuevos triunfos; y en tales épocas se pasan por alto más rápidamente los hechos de ayer. Vasco de Gama y Cabral vuelven a las Indias; no traen ya esclavos desnudos y promesas vagas, sino todas las cosas preciosas de Oriente; gracias a este botín procedente de Calicut y de Malaca, el rey Manuel el Afortunado llega a ser el monarca más rico de Europa. Ha sido descubierto el Brasil; desde las alturas de Panamá, Núñez de Balboa divisa por primera vez el océano Pacífico, Cortés lleva a cabo la conquista de México y Pizarro la del Perú; por fin el oro afluye, efectivamente, a las arcas del Tesoro. Magallanes navega alrededor de América, y después de su viaje de tres años —la proeza de mar más grandiosa de todas las épocas—, una de sus naves, la *Victoria*, regresa a Sevilla, habiendo dado la vuelta al mundo. En 1545 empiezan a explotarse las minas de plata de Potosí; año tras año regresan a Europa las escuadras que conducen rico cargamento. En medio siglo han sido cruzados todos los mares, se ha realizado la circunnavegación de todas o casi todas las partes del mundo. ¿Qué significa, entonces, el individuo y su hecho aislado en esta epopeya homérica? Todavía no se han publicado los libros que relaten su vida y que expliquen su solitaria previsión. Al poco tiempo, el viaje de Colón es considerado como uno de tantos gloriosamente realizados por los argonautas modernos, y como el suyo arroja menos beneficios materiales que los demás, lo ignora y lo olvida la época, que, como cualquiera, piensa sólo con sus propias nociones y no con las de historia.

Entre tanto surge con brío la fama de Américo Vespucio. Mientras que todos persisten en el error, ofuscados por la ilusión de que las Indias hayan sido descubiertas en el Occidente, él descubre la verdad: que aquellas tierras constituyen un *Novus Mundus*, un nuevo mundo, un continente distinto. Siempre ha dicho la pura verdad; no ha prometido oro ni piedras preciosas, sino que ha

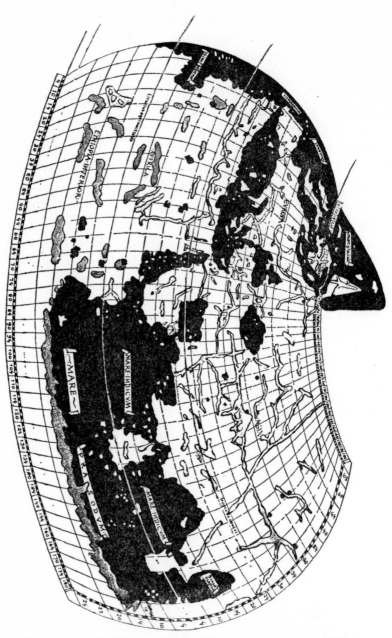

La proyección del mundo de Tolomeo, que abarca 180° de
longitud. Tolomeo jamás dibujó un mapa, pero creó un
sistema de proyección que sería útil muchos siglos después
de su muerte. Según las teorías de Tolomeo, Asia y África
se unían al sur del océano Índico, que resultaba así un
mar interior, como podemos ver en este mapa

referido sinceramente que, al decir de los indígenas, hay
oro en aquellas tierras; él, por su parte, no cree, como
no creía Santo Tomás, con facilidad y de ligero: ¡ya se
verá qué hay en eso! No ha salido por amor al oro y al
dinero, como los demás, sino por el deleite ideal del descubrimiento. No ha martirizado a la gente ni destruido
reinos, como los demás conquistadores: él, como humanista, como erudito, ha observado y descrito los usos y
costumbres de aquellos pueblos exóticos, sin ensalzarlos
ni censurarlos. Docto discípulo de Tolomeo y de los grandes filósofos, ha observado las nuevas estrellas y su curso, y ha explorado los mares y las tierras por sus maravillas y por sus misterios. No se ha guiado por el azar,
sino que ha seguido las reglas de las ciencias exactas, las
matemáticas y la astronomía: ¡sí, es uno de los suyos!
—ponderan los eruditos—, ¡*homo humanus*, humanista!
Sabe componer un libro, y sabe hacerlo en latín, única
lengua que reconocen para las obras de ingenio; él ha
salvado el honor de la ciencia, puesto que está al servicio
sólo de ella, no ambicionando beneficios ni dinero. Cada
uno de los historiadores contemporáneos —Pedro Mártir, Ramus y Oviedo— hacen una profunda inclinación
antes de pronunciar el nombre de Vespucio, y como no
son más que media docena de eruditos los que a la sazón
ilustran a su época, Vespucio pasa por ser el más grande
navegante de su tiempo.

Esta extraordinaria celebridad en el mundo erudito
la debe Vespucio, en rigor, a la circunstancia de estar
escritas en latín, lenguaje erudito, sus dos obras, de extensión tan corta y que tanto se prestan, ¡ay!, a discusión; sobre todo la edición de la *Cosmographiæ introductio* es la que le da autoridad enorme sobre todos los
demás. Por el solo hecho de haberlo descrito el primero,

Vespucio es celebrado como descubridor del nuevo mundo por los eruditos, para quienes la palabra vale más que el hecho. El geógrafo Schöner es el primero en establecer la divisoria; Colón habría descubierto sólo unas islas; Vespucio, el Nuevo Mundo. Y diez años más tarde, la repetición hablada y la reproducción impresa dan por resuelto este axioma: Vespucio es el descubridor del nuevo continente, y con mucha razón lleva América su nombre.

A lo largo de todo el siglo XVI brilla, clara y pura, la falsa gloria de Vespucio como descubridor del nuevo mundo. Una sola vez se formula, con mucha timidez, una objeción de tono menor. Hácela un hombre extraño. Miguel Servet, que más tarde hubo de alcanzar la gloria trágica de ser la primera víctima arrojada a la hoguera por una «Inquisición» protestante que atendía, en Ginebra, la iniciativa de Calvino. Servet es un carácter singular de la historia del espíritu humano, que tiene de genio tanto como de loco, espíritu semejante al fuego fatuo, descontentadizo, que todo lo critica y que está convencido de deber sostener, en forma vehementísima, su opinión personal en cualquier ramo de la ciencia. Mas este hombre, en verdad improductivo, tiene el instinto raro de tocar siempre en los problemas trascendentales. En medicina, casi formula la teoría de Harvey de la circulación de la sangre; en Teología, da en el punto más débil de la doctrina de Calvino; una misteriosa facultad instintiva le ayuda siempre, no a resolver los problemas, pero sí a dar con ellos; también en geografía aborda el problema decisivo. Excomulgado, se refugia en Lyón, donde ejerce la profesión de médico bajo nombre falso, publicando, en 1535, una nueva edición de la obra de Tolomeo con acotaciones propias. Esta edición contiene los mapas trazados por Laurent Frisius para la edición de 1522, y en los cuales, según la iniciativa de Waldsee-müller, la parte meridional del nuevo continente lleva el nombre de América. Pero, mientras que en el prólogo a la edición de 1522 el editor, Tomás Ancurarius, ensalza a Vespucio sin mencionar siquiera a Colón, Servet es el primero que se atreve a oponer cierto reparo al aprecio exagerado que suele tributarse a Vespucio, así como a la propuesta denominación del nuevo continente. Dice que, miradas bien las cosas, Vespucio salió de mercader, *ut merces suas commutaret,* y *multo post Columbus,* mucho después de Colón. Trátase de una manifestación hecha con mucha reserva, como quien dice un carraspeo de protesta; ni aun Servet tiene la intención de quitar a Vespucio nada de su fama de descubridor; sólo quiere que no se olvide a Colón. No se trata, pues, todavía de la antítesis Colón o Vespucio; todavía no se ha suscitado la disputa sobre la prioridad; lo que Servet insinúa es que sería exacto decir: Vespucio y Colón. Sin embargo, sin tener pruebas suficientes, sin conocimiento cabal de la situación histórica, movido sólo por su instintiva suspicacia que le lleva a descubrir errores y a abordar los problemas por otro lado completamente distinto, Servet es el primero en señalar que hay algún misterio en esa fama de Vespucio, que se precipita sobre el mundo con el ímpetu de un alud.

Una objeción decisiva puede ser formulada, es cierto, sólo por quien no tenga que fundarla, como Servet en Lyón, en libros y en noticias inciertas, sino que tenga conocimiento cabal de los hechos históricos positivos. Y será una voz autorizada la que se levantará contra la

fama exagerada de Vespucio, una voz a la que deberían prestar atención emperadores y reyes, palabra redentora de millones de hombres vejados y torturados, la voz del ilustre obispo Las Casas, quien revela las atrocidades cometidas por los conquistadores en la población indígena, con fuerza tan sugestiva y tan conmovedora que hoy todavía se le oprime a uno el corazón al leer esas relaciones. Las Casas, que llegó a la edad de noventa años, fue testigo ocular de toda la época de los descubrimientos y es testigo abonado por su amor a la verdad, por su imparcialidad de sacerdote; su historia de América, titulada *Historia general de las Indias*, que empezó a escribir en 1559, a la edad de ochenta y cinco años, en el monasterio de Valladolid, puede ser considerada todavía como el fundamento más sólido de la historia gráfica de la época. Nacido en 1474, llegó a Hispaniola (Haití) en tiempos de Colón; ordenado de sacerdote, más tarde obispo, pasó en el nuevo continente casi toda su vida, hasta la edad de setenta y tres años, haciendo en este lapso algunos viajes a España; no había, pues, persona más autorizada ni más competente para emitir un juicio objetivo y valedero sobre acontecimientos de la época de los descubrimientos.

En uno de sus viajes de las Nuevas Indias a España debió de llegar a sus manos uno de los mapas o libros extranjeros en que las nuevas tierras estaban designadas con el nombre de América. Y, no menos asombrado que nosotros, preguntaría: «América, ¿por qué?» La respuesta: «Porque Américo Vespucio la descubrió», se comprende que hubiera de inspirarle recelo y de enfurecerle, puesto que apenas si había quien estuviera mejor informado que él. Su padre acompañó a Colón en el segundo viaje; él mismo sabía, pues, a ciencia cierta, que Colón, según sus propias palabras, fue el primero que abrió las puertas del océano cerrado hacía tantos siglos. ¡Cómo podría Vespucio glorificarse o ser glorificado como descubridor de este nuevo mundo! Parece que luego oyó o leyó el argumento, muy corriente por entonces, de que Colón habría descubierto sólo las islas adyacentes de la costa de América, las Antillas; pero que Vespucio había llegado al continente propiamente dicho, por lo cual se le atribuía con razón el descubrimiento del continente.

Entonces, Las Casas, el muy afable, monta en cólera. Si Vespucio afirma tal cosa es un mentiroso. El almirante, y no otro, fue el primero que en 1498, en el segundo viaje, pisó el continente en Paria; esto quedó confirmado por el juramento de Alonso de Ojeda en el proceso del Fisco contra los herederos de Colón en 1516. Amén de eso, ninguno entre los ciento y pico de testigos que declararon en dicho proceso se atrevió a negar aquel hecho; era, pues, justo que se diese a las nuevas tierras el nombre de «Columba». ¿Cómo puede Vespucio «usurpar el honor y la gloria que corresponden al Adelantado, y atribuirse a sí solo el mérito»? Si estuvo en el continente americano antes que el Almirante, que se aclare dónde, cuándo y con qué expedición acaeció tal cosa.

Con el propósito de impugnar la supuesta pretensión de la prioridad de Vespucio, Las Casas estudia las relaciones de Vespucio en la edición de *Cosmographiæ Introductio*. Y entonces se produce otra mudanza grotesca en esta comedia de confusiones, y el enredo, ya bastante enmarañado, es corregido en dirección completamente equivocada. En la edición original italiana, en que Vespucio relata su primer viaje, emprendido en 1497, se dice que tocó en «Lariab». Debido a una errata o a una corrección arbitraria, la edición latina de Saint-Dié dice «Paria» donde debe decir «Lariab», y esto induce a creer que Vespucio mismo afirmó que estuvo en Paria ya en 1497, es decir, que pisó el continente un año antes que Colón. Las Casas no duda que Vespucio es un falsario que, después de la muerte del Almirante, aprovechó la ocasión para aparecer «en libros extranjeros» como descubridor del nuevo continente. Y Las Casas comprueba que Vespucio emprendió viaje a América en 1499 y no en 1497, pero que no mencionó, por razones de prudencia, el nombre de Ojeda. «Lo que Américo escribió —protesta airadamente el hombre probo— para hacerse famoso usurpando tácitamente el descubrimiento del continente», lo hizo de mala fe; por lo tanto, Vespucio es un impostor.

Una errata en la edición latina, que dice «Paria» donde la edición original dice «Lariab», es lo que provoca la indignación de Las Casas contra la supuesta impostura. Mas, sin quererlo, Las Casas toca un punto vulnerable: en todas las cartas y relaciones de Vespucio se nota una misteriosa vaguedad respecto de los fines y de los términos a que llegó efectivamente en sus viajes. Vespucio nunca indica con precisión los nombres de los capitanes de la flota; hay diferencia de fecha en las distintas ediciones; las mediciones de longitud no son exactas; desde el momento en que se empezó a averiguar los fundamentos históricos de sus viajes hubo de concebirse la sospecha de que había motivos —que han de ocuparnos más adelante— para disfrazar la verdad, para encubrir los hechos claros y patentes. En este punto nos acercamos por vez primera al misterio de Vespucio propiamente dicho, que desde hace siglos interesa vivamente a los eruditos de todos los países, y es éste: ¿cuánto hay de verdad y cuánto de invención (o de falsificación, para designarlo con palabra más fuerte) en las relaciones de sus viajes?

Desconfíese, sobre todo, de cuanto al primero de los cuatro viajes se refiere: el del 10 de mayo de 1497, puesto en duda ya por Las Casas, y que es el que habría podido asegurar a Vespucio cierta prioridad de descubridor del continente. En ningún documento histórico se hace mención de este viaje; algunos de sus elementos han sido tomados, sin duda, del segundo viaje que realizó en compañía de Ojeda. Los defensores más fanáticos de Vespucio no pudieron probar que hubiera emprendido expedición marítima aquel año, y han de recurrir a hipótesis para darle apariencia de verosimilitud. Si se quisiera enumerar detallados todos los argumentos en pro y en contra alegados en las discusiones interminables y contradictorias de los doctos geógrafos, habría material de sobra para formar un libro aparte; bástenos hacer constar que las tres cuartas partes de ellos tienen ese primer viaje por imaginario, mientras que el resto de sus defensores de oficio aprovechan la ocasión para hacer descubrir a Vespucio, ya la Florida, ya el Amazonas. Pero como Vespucio debía su enorme celebridad principalmente al primer viaje, que era muy dudoso, toda la torre de Babel levantada por el error, el acaso y la repetición maquinal tenía que empezar a tambalearse en cuanto se tocaran sus cimientos con el zapapico de la filosofía.

Ese golpe decisivo lo asesta Herrera en 1601 con su *Historia de las Indias Occidentales*. El historiador español no hubo de buscar mucho para reunir argumentos, puesto que disponía para su información de la obra de Las Casas, inédita por entonces, y considerándolo bien, sigue siendo Las Casas el que fulmina invectivas contra Vespucio. Herrera declara y prueba con los argumentos de Las Casas que las fechas de las *Quatuor Navigationes* no son exactas, y que Vespucio salió en compañía de Ojeda en 1499 y no en 1497, llegando a la conclusión —sin que el acusado pueda decir nada en su defensa— de que Américo Vespucio «falseó astuta e intencionadamente sus relaciones con el fin de escamotear a Colón el honor de ser el descubridor de América».

Estas revelaciones encuentran profunda repercusión. ¡Cómo!, exclaman los eruditos. ¿Es verdad que Vespucio no es el descubridor de América? Aquel sabio, cuya mesura y modestia admiramos por ejemplares, ¿sería un mentiroso, un impostor, un Méndez Pinto, uno de esos infames que engañan a la gente con el cuento de la navegación? Porque si ha fingido un solo viaje, ¿no serán cuentos también los demás? ¡Qué vergüenza!... ¡El Tolomeo moderno, nada más que un Eróstrato, un perverso que se internó con maña en el templo de la gloria para inmortalizarse por medio de un crimen alevoso! ¡Y qué vergüenza la de todo el mundo erudito!; ¡qué vergüenza dejarse inducir por sus fanfarronadas y bautizar el nuevo continente con el nombre de él! ¿No sería conveniente corregir ese error vergonzoso? Y en 1627, fray Pedro Simón propone con toda seriedad «prohibir el uso de todas las obras de geografía y mapas en que figura el nombre de Américo».

El péndulo se ha movido en sentido opuesto. Vespucio ha perdido su fama, y en el siglo XVII resurge glorioso el casi olvidado nombre de Colón. Grande como el nuevo continente aparece entonces su figura. De todos los hechos gloriosos no perdura más que el suyo, puesto que los palacios de Moctezuma han sido saqueados y quedan en ruinas; vacías están las arcas del Perú, olvidados todos los hechos y todas las fechorías de los distintos conquistadores: sólo América es realidad, joya del mundo, asilo para todos los perseguidos, tierra, tierra del porvenir. El mundo ha sido muy injusto con aquel hombre, muy injusto, en vida de él y en el siglo siguiente. Colón se transforma en figura heroica; la subestimación cede rápidamente a la sobrestimación; quitan a su retrato todos los rasgos sombríos; no hablan de su mal gobierno ni de sus fantasías religiosas, sino que idealizan su vida. Todas sus dificultades cobran acentos dramáticos: cómo impone su voluntad a los amotinados, haciéndolos seguir adelante; cómo un individuo malvado y vil le remite atado a la patria; y cómo él y su hijo, medio muertos de hambre, hallan asilo a la puerta del convento de la Rábida; en todo lo que antes dejaron de hacer para ensalzar su proeza se exceden ahora gracias a la eterna necesidad de exaltarle.

Mas conforme a la ley muy antigua de todo lo dramático y aun de todo lo melodramático, cada figura glorificada reclama su principio contrario, como la luz a la sombra, como Dios al Diablo, como Aquiles a Tersites, y como el soñador Don Quijote a Sancho Panza, el rollizo realista. Para hacer resaltar el genio, hay que denigrar a su contrario: la oposición humana, las bajas fuerzas de la incomprensión, de la envidia, de la traición. Por eso los enemigos de Colón: Bobadilla, funcionario recto, equitativo e insignificante, y el cardenal Fonseca, buen calculador, cabeza clara, son tildados de miserables y malvados. Pero el verdadero enemigo resulta ser Américo Vespucio. ¡Qué suerte haberle descubierto por fin! Y contra la leyenda de Colón se va tejiendo la de Vespucio. Ahí tenéis, en la ciudad de Sevilla, un sapo venenoso, henchido de envidia, un pequeño comerciante que tiene el deseo de hacerse pasar por erudito, por explorar. Pero es cobarde, no tiene ánimo para embarcarse. Desde la segura ventana ve, con rabia sorda, a la muchedumbre que agasaja al gran Colón a su regreso. ¡Usúrpale la gloria! ¡Hacer suya aquella gloria! Mientras el noble Almirante es conducido preso a la patria, aquél escribe unas rela-

La Virgen del Buen Aire, pintura sobre madera de Alejo Fernández (1470-1543). Personajes de derecha a izquierda: Fernando el Católico, obispo Fonseca, desconocido, la Virgen, Cristóbal Colón, Américo Vespucio (con un bastón), Yáñez Pinzón y posiblemente Juan de la Cosa o Solís.

Detalle del cuadro *La Virgen del Buen Aire*. Américo Vespucio y Cristóbal Colón.

ciones de viajes, reuniendo arteramente pasajes tomados de otros autores. Apenas muerto Colón, casi al instante de quedarse impedido para la defensa, aquella hiena de la gloria envía cartas y relaciones a todos los potentados del mundo diciendo que es el primero, el verdadero descubridor del nuevo mundo, y manda imprimirlas en lengua latina, y por precaución, en el extranjero. A unos eruditos ingenuos y que viven en algún lugarejo del otro lado del mundo, les ruega y les suplica que den su nombre al nuevo continente, llamándolo América. Cáptase la benevolencia del enemigo mortal de Colón, el obispo Fonseca, hermano suyo en la envidia, y le persuade para que le nombre a él, que no entiende nada de náutica, allí, en su despacho, piloto mayor, inspector de la Casa de Contratación, con el solo fin de tener a su cargo la inspección de los mapas. Así, por fin —esto se le imputa efectivamente a Vespucio—, se le brinda la oportunidad para la tremenda falsificación: en su calidad de piloto mayor, que manda trazar los mapas, puede lograr —pues nadie le vigila— que en todos los mapas y globos el nuevo continente sea designado con su nombre de malvado: ¡América, América, América! Este genio vil del engaño roba y engaña una vez más al muerto, al que durante toda su vida tenían atado: el nombre del ladrón, y no el suyo, sirve de adorno al nuevo continente.

Éste es el concepto que el siglo XVII se formó de Vespucio: detractor, falsificador y mentiroso. El águila que con mirada audaz otea los horizontes del mundo se ha transformado de repente en topo asqueroso, que socava la tierra, profanador de cadáveres y ladrón. Es un concepto injusto, pero se va grabando en las épocas. El nombre de Vespucio queda sepultado en el fango durante décadas, durante siglos; Bayle y Voltaire le envían sendos puntapiés a la tumba y en todos los libros de texto leen los niños la historia de su infame captación de gloria. Hasta un hombre tan sabio y tan prudente como lo es Ralph Waldo Emerson, escribe, impresionado por aquella leyenda, trescientos años más tarde (1856), lo siguiente: «Es singular que la anchurosa América lleve el nombre de un ladrón. Américo Vespucio, que se dedicó al comercio en Sevilla y que en las categorías marítimas no alcanzó un grado superior al de contramaestre en una expedición que no llegó a hacerse a la vela, logró en nuestro mentiroso mundo suplantar a Colón y bautizar a la mitad de la tierra con el nombre poco honorable de América.»

VI

INTERVIENEN LOS DOCUMENTOS

En el siglo XVII, Américo Vespucio es hombre al agua. El pleito alrededor de su nombre y de su hazaña o fechoría parece definitivamente resuelto. Está destronado, convicto de impostura y —si América no llevara su nombre— destinado al olvido oprobioso. Pero se inicia otro siglo que ya no está dispuesto a dar crédito a meras habladurías de contemporáneos ni a rumores heredados; la historiografía se transforma paulatinamente de simple tarea de cronista en una ciencia crítica, que impone la misión de examinar todos los hechos y de revisar todos los testimonios. Se rescatan, investigan y comparan los documentos de todos los archivos, y de esta suerte es inevitable que se revise también nuevamente el viejo pleito Colón *versus* Vespucio, en apariencia decidido desde tiempo atrás.

El primer paso en este sentido lo dan sus compatriotas. No quieren admitir que el nombre de ese florentino, cuya fama llevó durante tanto tiempo la de su ciudad natal a través del mundo, quede clavado en el cepo de la infamia; exigen la primera revisión concienzuda y parcial. Ángel María Bandini publica en 1745 la primera biografía del navegante florentino, *Vita e lettere di Amerigo Vespucci*. Consigue sacar a luz una cantidad de documentos. En 1789 le sigue Francisco Bartolozzi con nuevos *Ricerche istorico critiche,* cuyos resultados son para los florentinos tan alentadores que el padre Estanislao Canovai pronuncia en una academia un solemne discurso laudatorio a favor del calumniado *celebro navigator,* el *Elogio d'Amerigo Vespucci.* Simultáneamente se empieza a hurgar en los archivos españoles y portugueses. Se arremolina mucho polvo de actas, y cuanto más se levanta en torbellinos, tanto menos claro se ve. Los archivos portugueses son para el caso los menos productivos. No contienen una sola palabra sobre las dos expediciones en que Vespucio había participado. Su nombre no figura en ningún libro de contabilidad. No aparece ni rastro de aquel *Zibaldone,* su diario de viaje, que, según su manifestación, había puesto en manos del rey Manuel de Portugal. Nada, ni una línea, ni una palabra. Y uno de los adversarios más enconados de Vespucio interpreta esta circunstancia como prueba fehaciente de que había inventado, y que eran simples mentiras, sus dos viajes *auspiciis et stipendio Portugallensium,* «bajo los auspicios y con la ayuda económica de Portugal». Pero es, desde luego, una prueba de poca consistencia el que al cabo de cuatrocientos años no se encuentren más documentos acerca de un hombre aislado que no armó ni condujo expedición alguna. El más grande portugués, gloria de su nación, Luis de Camoens, estuvo por espacio de dieciséis años al servicio de Portugal, fue herido en servicio del rey, y, sin embargo, no da testimonio de ello ninguna línea oficial. Fue apresado y encarcelado en la India, pero ¿dónde están las actas, dónde están siquiera nada más que las constancias del proceso? No se encuentra tampoco una sola línea que se refiera a sus viajes, y del mismo modo desapareció también el diario de Pigafetta, redac-

102

tado durante el viaje, más memorable aún, de Magallanes. Si, por lo tanto, el resultado documental obtenido en Lisboa es igual a cero en lo referente a la época más importante de la vida de Vespucio, sólo cabe recordar que, en consecuencia, es exactamente tan grande como la que por los archivos sabemos de las aventuras africanas de Cervantes, los años de viaje de Dante o la época teatral de Shakespeare. Y, sin embargo, Cervantes luchó, Dante pasó de un país a otro, y Shakespeare apareció centenares de veces en el tablado. Incluso los documentos no constituyen siempre una prueba valedera, y menos aún lo constituye la ausencia de documentos.

Los documentos florentinos son de más peso. Bandino y Bartolozzi hallan en el Archivo del Estado tres cartas de Vespucio dirigidas a Lorenzo de Médicis. No son originales, sino copias posteriores que integran una colección reunida por un tal Vaglienti, quien transcribía o hacía transcribir, por orden cronológico, todas las noticias, cartas y publicaciones referentes a los nuevos viajes de descubrimiento. Una de esas cartas fue escrita por Vespucio en Cabo Verde inmediatamente después de su regreso del tercer viaje, el primero que efectuó por orden del rey de Portugal. La segunda carta, a su vez, contiene un informe extenso sobre ese llamado tercer viaje, y con ello, en substancia, todo lo que luego apareció publicado en el *Novus Mundus*, excepción hecha de cierto (muy sospechoso) aderezo literario de esa publicación. Todo esto parece significar una justificación brillante del amor a la verdad de Vespucio, y por lo menos su llamado tercer viaje —aquel que primero le dio fama a través del *Novus Mundus*— queda ahora incontestablemente probado, y ya se podría ensalzar a Vespucio como víctima inocente de una difamación sin fundamento. Pero entonces se encuentra una tercera carta, también dirigida a Lorenzo de Médicis, en la que —¡hombre condenadamente torpe!— describe el primer viaje de 1497 como el tercero, el de 1499, es decir, admitiendo exactamente lo que sus adversarios le han reprochado, o sea que en la edición dada a la imprenta había adelantado la fecha de su viaje en dos años. Esta su propia relación demuestra irrecusablemente que él o alguna otra persona ha convertido un viaje en dos y que la pretensión de haber pisado el primero la tierra firme americana representa un escamoteo descarado y, además, torpe. La furiosa sospecha de Las Casas cobra ahora consistencia de verdad irrefutable. Los que quieren salvar a Vespucio como hombre amante de la verdad —sus defensores más obstinados y sus compatriotas de la *Raccolta Colombiana*— no tienen ya más recurso que el último y más desesperado: declarar esa carta como falsificación posterior.

Los documentos florentinos nos ofrecen, pues, nuevamente, la ya familiar imagen doble de Vespucio, el eterno hombre de media luz; por una parte, un individuo que en sus cartas particulares refiere a su empresario Lorenzo de Médicis honrada y modestamente el verdadero estado de las cosas. Y un segundo Vespucio, el de los libros impresos, el de la gran fama y del gran enojo, que se vanagloria sin razón de descubrimientos y viajes que jamás ha realizado, y que mediante esa bravata consiguió que un continente entero fuese bautizado con su nombre. Cuanto más lejos rueda el ovillo de errores en el tiempo, tanto más se embrolla.

Y cosa rara: exactamente la misma divergencia de los hechos resulta de los documentos españoles. Ellos revelan que Vespucio llegó en 1492 a Sevilla, ni como sabio ni como navegante que ya tiene en su haber muchos viajes, sino como insignificante empleado, como «factor» de la casa de comercio de Juanoto Beraldi, que era una especie de sucursal del Banco Médicis, de Florencia, y que se ocupaba sobre todo en proveer las embarcaciones y en sufragar las expediciones. Esto, por lo pronto, cuadra mal al nimbo de un Vespucio que en 1497 habría salido ya de España capitaneando atrevidos viajes de descubrimiento. Y, lo que es peor todavía, no se halla en todos esos documentos el menor indicio de un supuesto primer viaje con el que habría adelantado a Colón en el descubrimiento de tierra firme. Por consiguiente, es casi seguro que en el año 1497, en vez de explorar las costas de América, según se afirma en su *Quatuor navigationes*, estaba en realidad sentado como diligente negociante en su despacho de Sevilla.

Nuevamente los documentos parecen justificar todas las inculpaciones de que se ha hecho objeto a Vespucio. Pero he aquí que, de rara manera, esas mismas actas españolas contienen a la vez pruebas que hablan tan convincentemente a favor de la honestidad de Vespucio, como las otras a favor de una fanfarronería descarada. Figura el certificado de naturalización que convierte a Vespucio, el 24 de abril de 1505, en ciudadano español, «en consideración de los buenos servicios que prestó a la Corona y que le prestará todavía». Luego aparece, con fecha del 22 de marzo de 1508, el nombramiento para el cargo de «piloto mayor» de la Casa de Contratación, o sea de director de todo el servicio náutico de España, que le asigna la tarea de «instruir y examinar a los timoneles

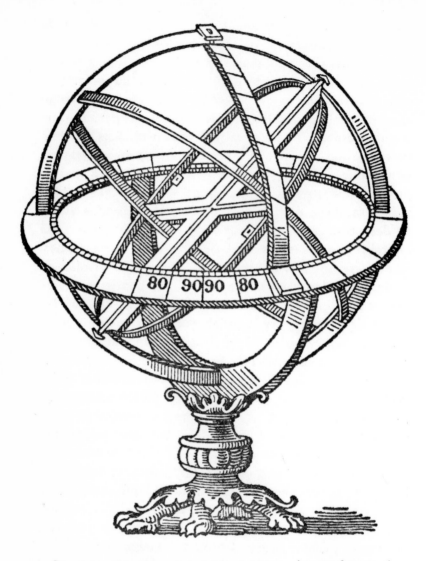

El meteoroscopio o astrolabio esférico, inventado por el matemático Regiomontanus. Se trata de un delicado y complicado instrumento, prácticamente inutilizable a bordo de un barco. Sin embargo, llegó a convertirse en el símbolo de la navegación portuguesa durante el período del rey Manuel, 1491 a 1521 en el uso de los instrumentos de medición, del astrolabio y los cuadrantes, para averiguar si saben aunar la teoría debidamente con la práctica». Consta luego el real encargo de confeccionar un «patrón real», un mapamundi, que en forma definitiva debía registrar todas las costas recién descubiertas, y que Vespucio debía corregir continuamente. ¿Es concebible que la Corona española, que no deja de disponer de los navegantes más destacados de la época, asigne para semejante puesto de responsabilidad a un hombre indigno de confianza moral por haber hecho circular embustes y libros sobre viajes inventados? ¿Es probable que el vecino rey de Portugal hubiera llamado a su país precisamente a ese hombre, sólo para que acompañase dos flotas a la América del Sur, si Vespucio no hubiera merecido, con anterioridad ya, particular fama como perito náutico? ¿Y no es testimonio de su corrección el que Juanoto Beraldi, en cuya casa trabajó durante largos años y quien, por consiguiente, debería poder juzgar mejor que nadie si era hombre digno de fe, le nombrase justamente a él, en el lecho mortuorio, albacea de su testamento y encargado de liquidar su negocio? Y otra vez nos encontramos con el mismo contraste: dondequiera que existe un documento referente a la vida de Américo Vespucio, le pondera como hombre honrado, digno de confianza y de abundantes conocimientos. Y cuando tomamos en la mano un impreso suyo encontramos bravatas, mentiras e improbabilidades.

Pero ¿no se puede ser un excelente marinero y a la vez un desenfrenado y exagerado fanfarrón? ¿No es posible que uno sea buen cartógrafo y simultáneamente un carácter envidioso? Más aún: ¿no se considera desde hace siglos la inclinación a inventar cuentos entre los principales vicios de los hombres de mar, y no es la envidia inspirada por la proeza ajena poco menos que una enfermedad profesional de los sabios? Todos aquellos documentos no aportan, en consecuencia, ningún apoyo a Vespucio contra la imputación decisiva de haber falazmente escamoteado al gran almirante el descubrimiento de América.

Pero de pronto se levanta una voz de ultratumba para depositar su testimonio en favor de Vespucio. Y en el gran pleito Colón *versus* Vespucio se coloca del lado de este último el hombre de quien menos se hubiera esperado que fuera su partidario: el mismísimo Cristóbal Colón. Muy poco antes de su muerte, el 5 de febrero de 1505, es decir, cuando el *Novus Mundus* de Vespucio debía de ser conocido desde hacía tiempo en España, el almirante, luego de haber ponderado a Vespucio en su escrito anterior llamándole amigo, envía a su hijo Diego la siguiente carta:

5 de febrero de 1505.

Querido hijo: Díez Méndez ha salido de aquí el lunes, 3 del corriente mes. Después de su partida he hablado con Américo Vespuchy, quien se dirige a la Corte, adonde ha sido llamado para ser consultado sobre unos cuantos asuntos relacionados con la navegación. Ha manifestado siempre el deseo de serme agradable (sempre tuvo deseo de me hacer placer)*: es mucho hombre de bien. La suerte le ha sido esquiva, como a tantos otros. Sus desvelos no le han traído el beneficio que podía esperar, con razón. Va allá* (a la Corte) *con el vivo deseo de lograr, si a sus manos está, algo que redunde a mi bien. No sabría indicar desde aquí más exactamente en qué nos podría ser de*

Grabado en madera publicado en una versión latina de la
Carta de Colón, probablemente impresa en Basilea en 1493.
En él puede verse a los indios huyendo de un grupo de
desembarco

provecho, porque no sé qué se pretende de él. Pero está resuelto a hacer en mi favor todo lo que le sea posible.

Esta carta representa una de las escenas más sorprendentes de nuestra comedia de confusiones. Los dos hombres a quienes la incomprensión de tres siglos se imaginaba siempre nada más que como rivales encarnizados que luchaban con los dientes apretados por la gloria de saber que la nueva tierra era designada con su nombre, esos dos hombres eran en realidad cordiales amigos. Colón, cuyo carácter desconfiado le acarrea conflictos con casi todos los contemporáneos, pondera a Vespucio como hombre que le había ayudado durante muchos años y confía en que abogaría a su favor ante la Corte. Ninguno de los dos, tal es sin duda la situación histórica, tuvo la menor sospecha de que diez generaciones de sabios y geógrafos azuzarían sus sombras, una contra otra, a una lucha por la sombra de un nombre; de que habrían de ser contrincantes en una comedia de equivocaciones, el uno en el papel del genio puro a quien perjudica el otro que aparece en el papel de malhechor taimado. Ninguno de los dos conocía, desde luego, el término «América», causa de aquella disputa. No sospechaba Colón que sus islas, ni Vespucio que la costa del Brasil eran nada más que porciones pequeñas de un continente enorme. Compañeros de profesión, poco favorecidos por la fortuna e inconscientes, uno como otro, de su gloria inconmensurable, se entendían mutuamente mucho mejor que la mayoría de sus biógrafos, quienes, poco perspicaces en el sentido psicológico, les atribuían una consciencia de sus proezas que a la sazón era absolutamente inconcebible.

Y una vez más, según ocurre tan a menudo, la realidad destruye una leyenda.

Los documentos han empezado a hablar. Pero justamente con su hallazgo e interpretación, la gran disputa en torno a Vespucio se inflama más violentametne aún. Nunca se han removido treinta y dos páginas de texto con tanta minuciosidad psicológica, cartográfica, geográfica,

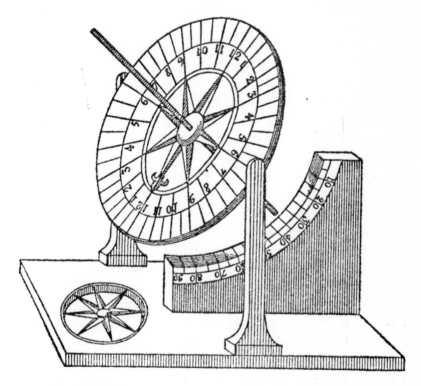

Los navegantes del siglo XVI disponían también de este instrumento, más complicado que los anteriores pero no por ello más preciso. En realidad parece ser que ninguno de estos inventos llegó a alcanzar la popularidad de la ballestilla y el astrolabio

histórica, en cuanto a la técnica de impresión, como esos informes de Vespucio sobre sus viajes. Pero el resultado de todo ello es que los geógrafos contendientes defienden cada cual su sí y su no, su blanco y su negro, su *estafador* o su *descubridor* con la misma certeza, y cada uno con pruebas que considera infalibles. Sólo recopilo a continuación, a modo de pasatiempo, lo que las distintas autoridades en la materia han afirmado durante el siglo pasado en su tesis respecto a Vespucio. Participó en el primer viaje de Pinzón. Realizó el primer viaje con Lepe. Se hizo a la vela, en la primera travesía, con una expedición desconocida. No efectuó absolutamente ningún primer viaje, que es mera invención y mentira. En su primer viaje descubrió la Florida. No descubrió nada, porque ni siquiera hizo el viaje. Fue el primer europeo que vio el Amazonas. Sólo lo vio con ocasión de su tercer viaje, y antes lo había confundido con el Orinoco. Recorrió y bautizó todas las costas de Brasil y llegó hasta el estrecho de Magallanes. Sólo recorrió la menor parte de esta costa y los nombres respectivos habían sido designados mucho tiempo antes. Fue un gran navegante. No, jamás tuvo mando sobre un barco, ni sobre una expedición. Fue un gran astrónomo. No lo fue, y todo lo que escribió sobre las constelaciones son dislates. Sus indicaciones son exactas. Sus indicaciones son disparatadas. Fue un gran piloto. No fue más que *beef-contractor* y un ignorante. Sus declaraciones merecen toda fe. Fue un estafador, charlatán y mentiroso profesional. Después de Colón es el primer navegante y descubridor de su época. Es un crédito de la ciencia. No; es una vergüenza. Todo esto se afirma, se confirma y se justifica con un sinnúmero de ficticias pruebas y con la misma vehemencia en el cúmulo de escritos en favor y en contra de Vespucio.

Portulano del Mediterráneo original de Valseca (1439). Perteneció a Américo Vespucio. En el dorso (fotografía inferior), consta de su puño y letra que pagó por él ciento treinta ducados de oro de marco.

Astrolabio y ballestilla del siglo XVI, utilizados por los navegantes de la época para observar la altura del Sol y calcular su posición (Museo Marítimo de Barcelona).

De este modo uno se encuentra nuevamente como tres siglos atrás, ante el mismo interrogante: ¿Quién era Vespucio? ¿Qué hizo, qué dejó de hacer? ¿Tiene esta pregunta alguna contestación? ¿Es posible resolver el gran enigma?

VII

?QUIÉN ERA VESPUCIO¿

Hemos tratado de narrar aquí el desarrollo cronológico de la gran comedia de confusiones que abarca el espacio de tres siglos y gira en torno a la figura de Américo Vespucio, culminando en el hecho de que se diera su nombre a un continente nuevo. Un hombre se hace famoso y, prácticamente, no se sabe por qué. Se puede afirmar a gusto que logró la fama con razón o sin ella, por sus méritos o por el engaño. Porque la gloria de Vespucio no es, en realidad, una gloria, sino un nimbo, ya que no surgió de una proeza, sino de la estimación equivocada que merecía lo que hizo.

El primer error —o el primer acto de nuestra comedia— fue la inclusión de su nombre en el título del libro *Paesi Ritrovati*, por el cual el mundo hubo de creer que era Vespucio y no Colón quien había descubierto esos países nuevos. El segundo error —el segundo acto— fue un error de imprenta en la edición latina —*Paria* en lugar de *Lariab*—, a consecuencia del cual parecía sostenerse la afirmación de que Vespucio había pisado la tierra firme americana antes que Colón. El tercer error —el tercer acto— consistió en la equivocación de un insignificante geógrafo provinciano, quien, basándose en las treinta y dos páginas escritas por Vespucio, propuso que se llamara a América con su nombre. Hasta terminar ese tercer acto, Américo Vespucio aparece como el héroe, lo mismo que en una cabal comedia de estafadores; domina la escena como caballero sin tacha, como carácter heroico. En el cuarto acto se insinúa por vez primera la sospecha contra él, y prontamente ya no se sabe a ciencia cierta si es un héroe o un sicofanta. El quinto y último acto, que transcurre en nuestro siglo, tiene que llevar las cosas, desde luego, a una culminación inesperada para que se desate el nudo ingeniosamente liado y al final todo se resuelva placentera y definitivamente.

Pues he aquí que la Historia, por fortuna, es un dramaturgo excelente, que sabe encontrar, tanto para sus tragedias como para sus comedias, un remate deslumbrante. A partir de aquel cuarto acto sabemos que Vespucio no descubrió América, que no fue el primero en poner pie en tierra firme, que nunca realizó en verdad aquel primer viaje que por mucho tiempo le convirtió en rival de Colón. Pero mientras en el tablado los sabios discuten todavía porfiados si Vespucio realizó o no este o aquel de los demás viajes que descubrió en sus libros, aparece de pronto en el escenario un hombre que presenta la desconcertante tesis de que ni siquiera las treinta y dos páginas atribuidas a Vespucio han sido redactadas por éste, sino que esos escritos que conmovieron al mundo no son sino recopilaciones ajenas, irresponsables y caprichosas, en las que se abusaba groseramente del material manuscrito de Vespucio. Ese *Deus ex machina*, el profesor Magnaghi, plantea el problema, pues, de un modo completamente nuevo, invirtiendo resueltamente sus términos. Mientras los demás habían aceptado como cosa natural que Vespucio era verdaderamente el autor de los libros que circulaban con su firma y sólo dudaban de que también había efectuado los viajes descritos en ellos, Magnaghi dice que si bien Vespucio realizó los viajes era, en cambio, dudoso que hubiera escrito personalmente los libros en la forma en que se conocen. No es él, pues, quien se gloría de proezas mendaces, sino que se ha abusado en letras de molde de su nombre. Si, por consiguiente, queremos juzgar equitativamente a Vespucio, no podemos hacer nada más adecuado que dejar de lado sus dos opúsculos impresos, *Novus Mundus* y *Quatuor Navigationes*, y apoyarnos únicamente en las tres cartas originales que sus defensores tacharon de falsificaciones sin fundamento verdadero.

Esta tesis, según la cual a Vespucio no cabría toda la responsabilidad en cuanto a los escritos que circulan con su nombre, produce de buenas a primeras un efecto desconcertante. Pues, ¿qué queda de la grandeza de Vespucio si ni siquiera ha compuesto esos libros? Pero considerándola más detenidamente se caerá en la cuenta de que la tesis de Magnaghi no es nueva. En efecto, la sospecha de que la superchería de aquel primer viaje no fue perpetrada por el propio Vespucio, sino en la persona de Vespucio, es tan vieja como la primera acusación misma. Se recordará que fue el obispo Las Casas quien primero inculpó a Vespucio de haber arrebatado el nombre de América mediante un viaje espectacular que en verdad nunca se había efectuado. Le achacó una «gran infamia», un «fraude redomado» y una injusticia grosera. Pero cuando se revisa su texto más detenidamente se encuentra siempre en todas esas recriminaciones una *reservatio mentalis*. Las Casas, es cierto, estigmatiza el engaño, pero con precaución se refiere siempre a un engaño de que se habrían hecho culpables Vespucio o los que publicaron *Quatuor Navigationes*. No descarta, pues, la posibilidad de que Vespucio no hubiera tenido arte ni parte en la falsa apreciación de su obra. Tal como Humboldt, que no consideraba a cualquier libro impreso como un evangelio, según suelen hacerlo los teóricos profesionales, Las Casas admitió explícitamente la duda de que Vespucio acaso hubiera quedado envuelto en toda esa controversia como Poncio en el Credo. «¿No serían tal vez —pregunta— coleccionistas de descripciones de viajes los que cometieran ese fraude sin saberlo Américo, y no es posible que aquél sea nada más que la consecuencia de un relato confuso y de indicaciones poco exactas?»

La llave estaba, pues, forjada ya, y Magnaghi sólo abrió con ella la puerta que ofrece un panorama nuevo. Su declaración me parece, por lógica, la más convincente hasta ahora, porque es la única que diluye de un modo perfectamente natural todas las contradicciones que afanaban a tres siglos. Era desde un principio psicológicamente improbable que un mismo individuo inventase en un libro sin más ni más un viaje que habría realizado en el año de 1497 y que simultáneamente refiriese ese mismo viaje, en una carta manuscrita, el año de 1499, o que refiriese sus viajes, indicando fechas distintas y pormenores contradictorios, a dos personas del mismo estrecho círculo de Venecia, donde las cartas, claro está, pasaban de mano en mano. Era improbable, además, que un hombre residente en Lisboa enviase esos informes justamente a un principillo en Lorena y mandase imprimir su *opus* en un rincón tan apartado del mundo como Saint-Dié. Si él mismo hubiera editado o querido editar sus «obras», se habría sometido cuando menos a la minúscula tarea de expurgar, previo el *impri-*

matur, las más groseras de las incongruencias que saltan a la vista. ¿Es concebible, por ejemplo, que el propio Vespucio, sirviéndose de un tono solemne (que tanto difiere del de sus cartas manuscritas), anunciase a Lorenzo de Médicis en su *Novus Mundus* que llamaba a esa travesía su tercer viaje porque «precedían otras dos expediciones rumbo al Oeste que realicé por encargo del augusto rey de España»? *(Vostra Magnificenza saprà come per commisione de questo Re-d'Espagna mi parti.)* Porque, ¿a quién comunica esa novedad prodigiosa de que antes había emprendido ya dos viajes? Nada menos que al dueño de la empresa cuyo empleado y corresponsal había sido desde hacía dieciséis años, y quien, por consiguiente, tenía que saber hasta el día y la hora en que su «factor» había realizado viajes de dos años de duración, y en cuyos libros comerciales debían figurar, centavo por centavo, todos los gastos del equipo y su producto. Eso sería cosa tan absurda como si un autor comunicase a su editor, que desde hace una docena de años publica *in continuo* sus obras y le liquida regularmente los derechos de autor por ellas producidos, al remitirle los originales de un libro nuevo, la sorprendente noticia de que ése no era su primer trabajo, sino que antes había publicado ya otros libros.

Semejantes inexactitudes y contradicciones se encuentran en cada página de los textos impresos, inexactitudes y contradicciones que de ninguna manera pueden proceder del mismo Vespucio. De esta suerte, todas las probabilidades están de parte de la tesis de Magnaghi, en el sentido de que las tres cartas manuscritas de Vespucio encontradas en los archivos y que hasta ahora rechazaron tan luego sus partidarios como falsificaciones, constituyen en rigor el único material digno de fe que poseemos de la mano de Vespucio, mientras que no podemos menos de considerar como publicaciones dudosas las celebérrimas obras *Novus Mundus* y *Quatuor navigationes*, teniendo en cuenta las adiciones, modificaciones y cambios introducidos por manos extrañas.

Sin embargo, no por eso se puede tildar a *Quatuor navigationes* lisa y llanamente de falsificación sin caer en tosca exageración, pues no cabe duda de que esas descripciones están basadas en material auténtico de la mano de Vespucio. Lo que hizo el editor anónimo es más o menos lo mismo que ocurre en el comercio de antigüedades, cuando se transforma una auténtica arca del Renacimiento mediante el hábil empleo de su material y el agregado de trozos imitados en dos o tres arcas o todo un juego de muebles, lo que tiene por consecuencia que tanto incurre en culpa y error quien afirma que se trata de piezas perfectamente auténticas como quien las tilda de ser falsificadas. No cabe duda de que llegaron a manos del impresor de Florencia, quien por precaución encubre su nombre en la portada, las cartas que Vespucio dirigió al Banco Médicis, las que conocemos, y tal vez otras que ignoramos. El impresor sabía el éxito sorprendente que había alcanzado la carta de Vespucio sobre su tercer viaje, el *Novus Mundus*: ¡no menos de veintitrés reediciones en todos los idiomas y en el transcurso de unos pocos años! Era muy natural, pues, que conociendo también, ya sea por el original, ya sea por copia, los demás informes, se sintiera tentado de editar en un nuevo tomito los *Viajes Completos* de Vespucio. Pero como el material de que disponía no bastaba para oponer a los cuatro viajes de Colón cuatro viajes de Vespucio, ese desconocido editor resolvió «estirar» los originales. Como primera medida dividió el informe sobre el primer viaje de 1499 y

122

que nos es conocido, transformándolo en relato de dos viajes, uno del año de 1497 y otro de 1499, sin barruntar ni remotamente que con esa trapisonda estigmatizaría al propio Vespucio por espacio de tres siglos como impostor y mentiroso. Agregó, además, detalles que extrajo de otras cartas e informes de otros navegantes, hasta que quedó felizmente compaginado ese *mixtum compositum* de verdad y mentira que luego dio por los siglos dolor de cabeza a los sabios y el nombre de Américo a América.

Algún escéptico pondrá quizás en duda esta tesis y objetará que no es concebible tan audaz intromisión ni que alguien amplíe la obra de un autor, sin consultarle, con invenciones arbitrarias. Quiere la casualidad que podamos demostrar la posibilidad de un proceder tan poco escrupuloso precisamente en el caso de Vespucio. Resulta que sólo un año después, en 1508, un impresor holandés inventó, y del modo más burdo, todavía un quinto viaje de Vespucio. Así como las cartas, de las que se ha encontrado el original manuscrito, brindan al anónimo editor de *Quatuor navigationes* el material para componer su libro, así la descripción hecha por un tirolés llamado Baltasar Sprenger, y que circula en su manuscrito, ofrece al impresor holandés la anhelada oportunidad para proceder a una falsificación. Donde el original reza *Ego, Balthasar Sprenger*, él pone simplemente *Ick, Alberigus: Yo, Américo*, a fin de hacer creer al público que esa descripción de un viaje también era debida a Vespucio. Y he aquí que esta imputación descarada engaña cuatrocientos años después todavía a la presidencia de la Sociedad Geográfica de Londres, que en el año de 1892 proclama con gran boato el descubrimiento de un quinto viaje de Vespucio.

Cabe, pues, escasa duda —y esto aclara la hasta ahora

confusa situación— de que aquel informe ficticio sobre el primer viaje y todas las demás inexactitudes a causa de las cuales Vespucio ha permanecido tanto tiempo bajo la inculpación de consciente engaño, no ha de imputársele en realidad a él, sino a los editores o impresores sin escrúpulos que sin recabar su permiso ampliaron los informes privados de Vespucio sobre sus viajes, dándolos luego en esta forma a la imprenta. Pero sus adversarios oponen un último reparo a este modo de ver, que, sin embargo, explica la situación inequívocamente. ¿Por qué —preguntan— no protestó Vespucio nunca públicamente contra esta imputación? Tenía que estar enterado —agregan— antes de su muerte, en 1512, de que circulaban libros con su nombre que le atribuían un viaje que en realidad jamás había efectuado. ¿No habría consistido su primer deber en lanzar al mundo un terminante: «No, yo no soy el descubridor de América y ese país lleva mi nombre injustamente»? ¿No se complica en el fraude aquel que no protesta contra un engaño porque éste le beneficia?

Esta objeción parece persuasiva de buenas a primeras. Pero, ¿dónde —cabe preguntar— hubiera podido protestar Vespucio? ¿Ante qué instancia hubiera podido reclamar? Aquel tiempo no conocía el concepto de la propiedad literaria; todo lo impreso y todo lo escrito pertenecía a todos, y cualquiera podía emplear la obra y el nombre de los demás según le pluguiera. ¿Dónde podía protestar Alberto Durero porque docenas de grabadores emplearan en sus chapucerías las iniciales «A. D.» de aquél porque era bien considerado? ¿Dónde reclamar los autores del primitivo *Rey Lear* o del *Hamlet* prístino porque Shakespeare tomó sus obras y las modificó arbitrariamente? ¿Dónde podía quejarse Shakespeare porque aparecían

Grabado en madera del siglo xv

obras ajenas con su firma? ¿Dónde podía recurrir el mismo Voltaire todavía porque cualquiera que quería que se leyese su mediocre libelo, ateo o filosófico, lo mandaba imprimir bajo aquel nombre célebre en el mundo entero? ¿De qué manera hubiera podido proceder, pues, Vespucio contra las docenas y más docenas de ediciones de obras recopiladas, que con sus textos desfigurados arrastraban una y otra vez su inmerecida fama? Lo único que podía hacer Vespucio era probar su inocencia verbalmente, dentro de su círculo personal.

Está fuera de toda duda que así lo hizo, pues en los años de 1508 a 1509 llegaron a España por lo menos algunos ejemplares aislados de aquellos libros. Y ¿es imaginable que el rey eligiese a un hombre que publica o consiente la publicación de falsos informes sobre descubrimientos para el responsable cargo de inducir a sus pilotos a redactar informes exactos de fe, si ese hombre no hubiera logrado antes personalmente limpiarse de toda sospecha? Y más todavía. Uno de los primeros poseedores de *Quatuor navigationes* en España era, según constancias claras (el ejemplar con sus anotaciones se conserva hasta el día de hoy), Fernando Colón, el hijo del almirante. No sólo leyó el libro donde se afirma, contra toda verdad, que Vespucio había hollado la tierra firme antes que su padre, sino que además llenó de anotaciones ese mismo libro en el que por primera vez se propone dar a las nuevas tierras el nombre de América. Pero, cosa extraña: mientras en la biografía de su padre Fernando Colón ataca a toda suerte de hombres por envidiosos, no menciona a Vespucio con una sola palabra de enemistad. Ese silencio asombró ya a Las Casas. «Estoy sorprendido —escribe—, porque Fernando Colón, hijo del almirante y hombre de certero juicio, quien, según consta, poseía esas *Navigationes* de Américo, no tomó para nada noticias de esta injusticia y usurpación que Vespucio cometió en la persona de su ilustre padre.» Pero nada pregona más claramente la inocencia de Vespucio que el silencio del hijo frente a esa desdichada imputación que escamoteó a su padre la gloria de ver el mundo por él descubierto designado con su nombre. Sabía evidentemente que esa injusticia se había cometido sin la anuencia y sin la voluntad de Vespucio.

Se ha hecho aquí la tentativa de narrar con toda la objetividad posible, y cronológicamente, el origen y todas las derivaciones de la *Causa Vespucci*, que pasó por tantísimas instancias. La dificultad principal que era preciso superar consistía en la sin par diferencia entre un hombre y su fama, entre un individuo y su nombre. Porque lo efectivamente cumplido por Vespucio no concuerda, según sabemos, con su gloria, ni ésta guarda relación con su hazaña. Entre el hombre que fue y el hombre por que le tomaba el mundo existía un contraste tan pronunciado que no era posible aliar las dos imágenes, el retrato de su vida y el retrato literario. Sólo si nos hacemos cargo de que su fama fue el producto de interferencias extrañas y de singulares casualidades, resulta posible considerar su acción real y su vida como una unidad para representar su coherencia natural.

Y así se ofrece al lado de una gloria inmensa el resultado más modesto, de acuerdo con el cual la vida de ese hombre, que como pocos suscitó la admiración y el odio del mundo, no fue en realidad ni grandiosa ni dramática. No es la biografía de un héroe ni tampoco la de un embaucador, sino simplemente la comedia del azar en la que se halla envuelto sin sospecharlo. Américo Vespucio nació el 9 de mayo de 1451, es decir, ciento cincuenta años después de la muerte de Dante, en Florencia, como tercer hijo del notario Cernastasio Vespucio. Procedía de familia distinguida, aunque venida a menos, y recibió la instrucción humanista del temprano Renacimiento, habitual en aquellos círculos. Aprendió latín, pero sin dominarlo nunca con soltura literaria; y junto a su tío, Fra Giorgio Vespucci, un fraile dominico de San Marco, adquirió ciertos conocimientos científicos, de matemáticas y astronomía. Nada reveló en el joven dotes con ambiciones particulares. Mientras sus hermanos asistían a la Universidad, él se conformó con un empleo comercial en la casa bancaria de los Médicis, a la sazón bajo la dirección de Lorenzo Pedro de Médicis (a quien no hay que confundir con su padre, Lorenzo el Magnífico). Américo Vespucio no pasa, pues, en Florencia, por gran hombre y menos aún por gran sabio. Las cartas que dirigía a sus amigos y que aún se conservan, le muestran ocupado en negocios diminutos y asuntos particulares sin trascendencia. En el sentido comercial tampoco parece haber llegado a mucho en la casa de los Médicis, y sólo una casualidad le trae a España. Los Médicis tienen, lo mismo que los Welser, los Fugger y los demás comerciantes alemanes y flamencos, sus filiales en España y Lisboa. Costean expediciones a los nuevos países, tratan de obtener informaciones y procuran, sobre todo, invertir su dinero allí donde con más urgencia se necesita. Al parecer, en el escritorio de los Médicis en Sevilla un empleado comete irregularidades, y como estiman a Vespucio, al igual que todos los demás, en el curso de su vida como un hombre singularmente honrado y digno de confianza, le envían el 14 de mayo de 1492 a

España para ocupar un puesto subalterno en la filial de los Médicis, la casa de comercio de Juanoto Beraldi. En esta casa, dedicada en primer término al armamento de naves, su situación también es absolutamente subordinada. Aun cuando en sus cartas se titula *merciante fiorentino*, no es de ningún modo un comerciante independiente, con capital o radio de acción propios, sino simplemente el «factor» de Beraldi, quien a su vez también es un adscrito a la esfera de actividad de los Médicis. Pero a pesar de no lograr una posición destacada, Vespucio no deja de ganarse la confianza personal y hasta la amistad de sus superiores. Cuando en el año de 1495 Beraldi se siente morir, designa en su testamento a Américo Vespucio albacea de su última voluntad, y sobre él recae la tarea de liquidar la firma después del fallecimiento de Beraldi.

De esta manera, próximo ya a los cincuenta años de edad, Américo Vespucio se encuentra nuevamente con las manos vacías. A lo que parece, le faltaba o el capital o la decisión de continuar el negocio de Beraldi por cuenta propia. No nos es dado comprobar hoy lo que hizo en esos años de 1497 y 1498 en Sevilla, pues carecemos de toda documentación al respecto. De cualquier manera —según lo atestigua una carta posterior de Colón— no fue muy afortunado, y ese fracaso explica el cambio repentino en su vida. El prudente y activo florentino ha perdido casi treinta años como insignificante empleado en negocios ajenos. No tiene casa, ni mujer, ni hijos. Está solo, próximo al ocaso de la vida, y aún no vislumbra en parte alguna un sostén o una seguridad. Pero esa época de los descubrimientos ofrece a los atrevidos, dispuestos a jugarse la vida, una oportunidad sin igual para apropiarse con un manotón de riqueza y fama. Es una

9

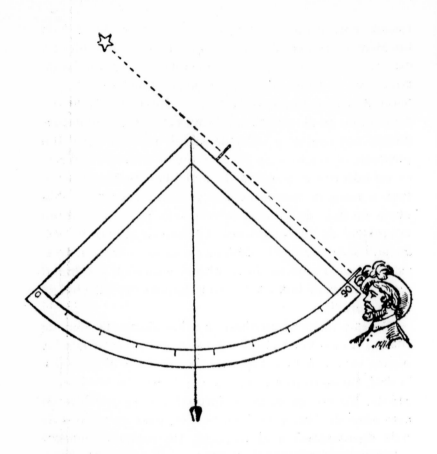

El cuadrante náutico consistía en un cuarto de círculo
graduado de 0° a 90°. Un hilo terminado en una plomada
daba la altura

época de aventureros y osados, como desde entonces el
mundo acaso no ha vuelto a conocer. Así resuelve, el hasta entonces pequeño y probablemente fallido comerciante
Américo Vespucio, exactamente como cientos y millares
de otras existencias fracasadas, probar su suerte en un
viaje a la Nueva India. Como en mayo de 1499 Alonso de

130

Ojeda prepara una expedición por encargo del cardenal Fonseca, Vespucio se embarca con él.

No está muy claro en qué condiciones le llevó Alonso de Ojeda. No hay por qué dudar de que el «factor» de la casa armadora Beraldi adquirió ciertas nociones profesionales en el trato diario con capitanes, constructores de embarcaciones y proveedores. Conoce los detalles de un barco, desde la quilla hasta el remate del mástil; además, parece que como florentino ilustrado, que supera cien veces a sus compañeros de viaje en su formación intelectual, ya había aprovechado antes el tiempo para afianzar sus conocimientos náuticos. Aprende a manejar el astrolabio, conoce el nuevo método del cálculo de longitudes, se ejercita en la confección de mapas, de modo que hay razón para suponer que participó en esa expedición no como simple agente comercial, sino en la condición de piloto o de astrónomo.

Pero aun en el caso de que hubiera integrado esa expedición como mero comerciante y no como piloto, regresó, de todos modos, hecho un experto consumado de ese viaje, que duró muchos meses. Inteligencia despierta, buen observador, calculador avezado, alma curiosa, hábil cartógrafo, tiene que haber adquirido cualidades especiales en aquellos largos meses de viaje, que le hacen sobresalir con relieves propios en los círculos navales. Porque cuando el rey de Portugal prepara una nueva expedición a las regiones del Brasil, que Cabral acaba de descubrir, y a lo largo de cuya costa septentrional también había navegado con la expedición de Ojeda, se dirige directamente a Vespucio y le propone tomar parte en ese nuevo viaje en calidad de piloto, astrónomo o cartógrafo. El hecho de que el monarca del reino vecino, que Dios sabe que no podía quejarse de falta de excelentes pilotos y marinos, llame justamente a Vespucio a su país, demuestra irrefutablemente el aprecio especial de que gozaba el hasta poco antes desconocido.

Vespucio no titubea mucho. El viaje con Ojeda no le dejó ningún beneficio. Después de todas esas fatigas y peligros, ha vuelto al cabo de muchos meses a Sevilla, exactamente tan pobre como había salido. No tiene empleo ni profesión, ni negocio ni fortuna; no comete, por lo tanto, ninguna deslealtad frente a España cuando acepta aquel llamamiento honroso.

Pero este nuevo viaje tampoco le reporta provecho, ni siquiera honor. Porque en ninguna parte se menciona su nombre, como tampoco se menciona el nombre del comandante de esa flota. La misión encomendada a esa expedición era exclusivamente la de pasar a lo largo de la dilatada costa hasta todo lo más posible al Sur, y encontrar el tan anhelado paso a las islas de las especias. Porque se sigue aferrado a la ilusión de que esa Tierra de Santa Cruz que encontró Cabral no era más que una isla de dimensiones medianas, y tan pronto como se lograra felizmente dar la vuelta a ella, habría que llegar a las Molucas, la fuente de toda riqueza, El Dorado de las especias. El mérito histórico de esa expedición que Vespucio acompaña será luego el de rectificar ese error antes que nadie. Los portugueses navegan a lo largo de la costa hasta llegar a los treinta, a los cuarenta y a los cincuenta grados de latitud. Y todavía la tierra no toca a su fin. Hace tiempo que ya se han alejado de las zonas tórridas. Ya hace frío, cada vez más frío, y, por último, los expedicionarios tienen que renunciar a la esperanza de dar la vuelta a aquel país inmenso que se opone como una barrera en la ruta de la India. Pero con todo, Vespucio, ese hombre único y desconocido a la sazón, aporta

132

a la ciencia geográfica un beneficio enorme con aquel viaje que, de cualquier modo, constituye una de las travesías más osadas y grandiosas de su tiempo y de la que Vespucio puede afirmar, con justicia y orgullo, que le condujo a través de la cuarta parte del mundo. Lleva a Europa el reconocimiento de que esa tierra recién encontrada no es la India ni una isla, sino un *Novus Mundus*, un continente nuevo, un mundo nuevo.

El siguiente viaje que Vespucio emprende, también por encargo del rey de Portugal y con el mismo objeto de hallar la ruta de la India y tratar de realizar, por consiguiente, la hazaña que sólo está llamado a lograr otro después, Magallanes, tampoco alcanza su meta. Es verdad que la flota navega hasta más al Sur todavía y parece haber pasado el Río de la Plata, pero, arrojada por los temporales, tiene que emprender el regreso. Nuevamente Vespucio desembarca en Lisboa, ya con cincuenta y cuatro años de edad, como hombre pobre, desengañado y —según cree— absolutamente desconocido y sin fama, como uno de los incontables que buscaban su suerte en la Nueva India y no la encontraron.

Pero ínterin había sucedido algo con que Vespucio, bajo aquellas otras constelaciones del otro hemisferio del globo terráqueo, no pudo soñar, no pudo sospechar: que él, el insignificante, pobre y anónimo piloto había sumido a toda la Europa intelectual en la excitación. Cada vez que regresaba de un viaje informaba fiel y correctamente al que había sido su patrón y que seguía siendo su amigo personal, Lorenzo de Médicis, mediante cartas sobre cuanto había visto en sus viajes. Llevaba, además, diarios que entregaba al rey de Portugal y que, lo mismo que sus cartas, no eran sino documentos absolutamente particulares destinados a servir de información política y comercial. Pero nunca cruzó por su mente la idea de hacerse pasar por sabio, por escritor, ni de considerar a aquellas cartas privadas como producciones literarias y menos aún científicas. Dice expresamente que encuentra todo lo que escribe *di tanto mal sapore* que no podía decidirse a editarlo en forma provisional, y si alguna vez se refiere al proyecto de publicar un libro, agrega que sólo lo redactaría «con ayuda de hombres sabios». Sólo si alguna vez llegara a descansar (*quando sarò di riposso*) trataría de escribir con la ayuda de hombres ilustrados un libro sobre sus viajes para alcanzar después de su muerte un poco de gloria, *qualche fama*. Pero sin él saberlo y ciertamente sin que él se lo propusiera, adquirió, como quien dice a traición, en aquellos meses de navegación por mares lejanos, el nimbo del geógrafo más sabio del tiempo y de un gran escritor. Bajo el título de *Novus Mundus* tradújose al latín en una forma acaso muy libremente redactada y estilizada en tono científico, aquella carta que había escrito a mano sobre su tercer viaje, con destino a Lorenzo de Médicis, y que en cuanto apareció impresa produjo inmensa sensación. Desde que esas cuatro hojas impresas vuelan desparramadas sobre el mundo, se sabe en cada ciudad y en todos los puertos que los países recién descubiertos no son la India, según creía Colón, sino un mundo nuevo, y es Alberigus Vespucius quien primero proclama esta verdad maravillosa. Pero ese mismo hombre a quien toda Europa estima como sabio de grandes luces y como el más audaz de todos los navegantes, no sabe nada de su fama y se esfuerza simplemente en conseguir por fin una situación que le permita vivir modesta y tranquilamente. Se ha casado, entrado en años ya, y está definitivamente cansado de negocios, aventuras y viajes. Por fin, cuando ya tiene cincuen-

134

La Tierra según un grabado del siglo XV. Las proporciones de varias de las partes del mundo se reproducen con notable exactitud; sin embargo, el continente africano tiene su extremo sur equivocadamente orientado hacia el Oeste, al igual que sucede en la «Manzana de la Tierra»

ta y siete años de edad, se cumple su anhelo. Consigue realizar el sueño de toda su vida: una humilde existencia tranquila, perfectamente burguesa, como piloto mayor de la Casa de Contratación, con un sueldo primero de 50.000 y más tarde de 75.000 maravedís. Desde entonces, el nuevo Tolomeo es en Sevilla un funcionario entre muchos otros respetables funcionarios del rey: nada más y nada menos.

¿Se enteró Vespucio en los últimos años de su vida de toda la fama que entre tanto se adhirió a su nombre a causa de errores? ¿Sospechó alguna vez que con su nombre se designaría a la tierra nueva allende el océano? ¿Combatió a esa gloria injustificada, la saludó sonriente o se limitó a confesar tranquila y modestamente a alguno de los amigos más íntimos que no todo era conforme rezaban aquellos libros? A ese respecto sólo sabemos que esa fama ingente que pasa rugiente como un huracán sobre montañas, mares, países e idiomas, que ya llega hasta el nuevo mundo, no reportó a la existencia de Vespucio el menor beneficio tangible. Sigue tan pobre como el día en que llegó por primera vez a España, tan pobre que luego de su fallecimiento, el 22 de febrero de 1512, su viuda se ve en la necesidad de elevar urgentes peticiones para que se le conceda la pensión, imprescindible, de diez mil maravedís. Lo único valioso de su herencia, los diarios de sus viajes, que, ellos solos, nos podrían revelar toda la verdad, pasan como legado a manos de su sobrino, quien los guarda tan mal que se pierden para siempre como otras tantas anotaciones preciosas de los tiempos de los descubrimientos. No queda del esfuerzo de aquella existencia silenciosa y retraída más que una gloria dudosa y que no le pertenece totalmente.

Como se echa de ver, ese hombre que provocó uno de

los problemas más intrincados que cuatro siglos se empeñaron en resolver, llevó en el fondo una vida absolutamente falta de complicaciones y problemas. Resignémonos, pues, a comprobar que Vespucio no era más que un hombre mediocre. No fue el descubridor de América, el *amplificator orbis terrarum*, pero por otra parte tampoco fue el charlatán y embaucador, según se le injurió. No fue un gran escritor, pero tampoco un hombre que se hacía la ilusión de ser considerado como tal. Ni un gran sabio, filósofo agudo o gran astrónomo. No fue un Copérnico ni un Tico Brahe, y hasta sería aventurado colocarlo en la primera fila de los grandes navegantes y conquistadores. Porque una suerte abversa no le permitió nunca ni en ninguna parte tomar una iniciativa real. No se le confió ninguna flota, como a Colón o Magallanes; siempre, en todas las profesiones, en todos los cargos, le tocaba actuar como subalterno, incapaz como era de inventar, de descubrir, de mandar o de dirigir. Siempre estaba nada más que en segundo término, siempre a la sombra de otros. Si, no obstante, la luz rutilante de la gloria inunda precisamente a su figura, ello no es consecuencia de un mérito especial ni de una culpa singular, sino de la fatalidad, el error, el azar, la equivocación. Esta gloria hubiera podido alcanzar lo mismo al autor de otras cartas sobre aquel mismo viaje o al piloto de la nave compañera. Pero la historia no admite pleitos; ella le ha elegido precisamente a él, y sus decisiones, aun las erróneas e injustas, son inapelables. Con dos palabras —*Novus Mundus*— con que él o el editor anónimo encabezó su carta, y gracias a los «cuatro viajes» —los realizara todos o no—, entró en el puerto de la inmortalidad. Su nombre ya no puede borrarse del libro más glorioso de la Humanidad, y su intervención en la historia de los descubrimientos de nuestro mundo se circunscribe tal vez del modo más acertado con la paradoja de que Colón fue el descubridor de América, pero no la reconoció, mientras que Vespucio no la descubrió, pero la reconoció el primero como América, como un continente nuevo. Este solo mérito queda incrustado en su vida, en su nombre. Porque nunca decide la acción sola, sino únicamente su entendimiento y efecto. El que la narra y explica puede resultar a veces más importante para la posteridad que quien la realizó, y en el equilibrio de las fuerzas de la Historia, el menor impulso provoca de cuando en cuando las consecuencias más prodigiosas. El que espera justicia de la Historia exige más de lo que ella está dispuesta a dar: a menudo arroja al hombre mediocre y sencillo a la proeza e inmortalidad, y lanza a los mejores, los más valientes y sabios, al anónimo y a la penumbra.

Con todo, América no tiene por qué avergonzarse de su padrino de bautismo. Lleva el nombre de un hombre honrado y valiente, que con cincuenta años de edad se atrevió todavía tres veces a cruzar el océano inexplorado, en minúscula embarcación, rumbo a lo ignoto, como uno de los «navegantes desconocidos» que a centenares en aquel entonces exponían su vida en aventuras y peligros. Y quizás el nombre de semejante ser mediocre, el nombre de un hombre de la multitud anónima de los valientes, cuadre mejor a un mundo democrático que el de un rey y conquistador, y ciertamente es más equitativo que América se llame América y no India Oriental, o Nueva Inglaterra, o Nueva España, o Tierra de Santa Cruz. No fue la voluntad de un hombre la que elevó ese nombre mortal a la inmortalidad; fue la voluntad del Destino, que siempre tiene razón, aun cuando en apariencia cometa una injusticia. Donde mande esa voluntad superior nos tenemos que someter. Y así empleamos hoy la palabra que una casualidad ciega eligió en juego alegre, con toda naturalidad, ya como la única verdadera e imaginable: la sonora, la vibrante palabra ¡América!

ÍNDICE

colección

grandes

biografías